SOBRE LA FELICIDAD Y LA BREVEDAD DE LA VIDA

AUSTRALSABIDURÍA

SÉNECA
SOBRE LA FELICIDAD Y LA BREVEDAD DE LA VIDA

Traducción
Pedro Fernández Navarrete

Edición
Pedro Rodríguez Santidrián

ESPASA

Obra editada en colaboración con Editorial Planeta – España

Séneca

© Traducción: Pedro Fernández Navarrete

© Edición: Pedro Rodríguez Santidrián

© 2012, Espasa Libros, S. L. U. – Barcelona, España

Derechos reservados

© 2023, Editorial Planeta Mexicana, S.A. de C.V.
Bajo el sello editorial AUSTRAL M.R.
Avenida Presidente Masarik núm. 111,
Piso 2, Polanco V Sección, Miguel Hidalgo
C.P. 11560, Ciudad de México
www.planetadelibros.com.mx

Diseño de la colección: Austral / Área Editorial Grupo Planeta

Primera edición impresa en España en Austral: septiembre de 2022
ISBN: 978-84-670-6684-5

Primera edición impresa en México en Austral: febrero de 2023
Primera reimpresión en México en Austral: agosto de 2023
ISBN: 978-607-07-9621-0

Impreso en los talleres de Quitresa Impresores, S.A. de C.V.
Calle Goma No. 167, Colonia Granjas México, C.P. 08400, Iztacalco, Ciudad de México.
Impreso en México –*Printed in Mexico*

BIOGRAFÍA

Lucio Anneo Séneca (4 a. C. - 65 d. C.) fue un escritor, filósofo, político y orador romano, además de ministro, tutor y consejero del emperador Nerón. Obtuvo un gran prestigio como senador en la época imperial. En cuanto pensador e intelectual ha pasado a la historia como la figura predominante del estoicismo y el moralismo romano, e influyó notablemente en el Humanismo y demás corrientes renacentistas, en autores como Erasmo de Rotterdam, Calvino o Montaigne, entre otros. La obra de Séneca consta de cuatro tipos de texto: los diálogos morales, las cartas, las tragedias (como *Medea*, *Fedra*, *Las fenicias* o *Edipo*) y los epigramas. Ha sido uno de los pensadores más influyentes de todos los tiempos y su obra ha sido encumbrada por los intelectuales occidentales más reconocidos.

ÍNDICE

Nota a esta edición

Con el título *Sobre la felicidad y la brevedad de la vida*, el libro que tienes en las manos reúne cuatro ensayos de Lucio Anneo Séneca: «De la felicidad», «De la vida retirada o del ocio», «De la serenidad del alma» y «De la brevedad de la vida».

En el marco de la obra senequiana, estos forman parte de los llamados *diálogos* o *tratados morales*. Las versiones que ofrecemos aquí, con traducción de Pedro Fernández Navarrete y edición a cargo de Pedro Rodríguez Santidrián, fueron publicadas anteriormente en el volumen *Tratados morales* (Austral).

Procurando no comprometer la comprensión del texto, para posibilitar una lectura más ágil, en la presente edición se ha reducido el corpus de notas explicativas. En lo tocante a los personajes, se han conservado las referencias a los menos conocidos (a modo de ejemplo: Bión de Borístenes, el general Alcibíades o Atenodoro de Tarso) y se ha prescindido de las referencias a los más populares (a modo de ejemplo: Sócrates, Platón, Tito Livio o Cicerón).

DE LA FELICIDAD[1]

A Galión

I. Todos los hombres, hermano Galión, quieren vivir felizmente. Pero andan a ciegas, cuando tratan de encontrar aquello que hace feliz la vida. No es fácil, por tanto, conseguir la felicidad, pues, con cuanto mayor afán uno la busca, más se aleja de ella, si ha equivocado el camino. La misma velocidad es causa de mayor alejamiento, si el camino va en sentido contrario. En consecuencia, lo primero que hay que determinar es qué queremos y después fijarnos en el camino por donde podamos avanzar con más celeridad hacia ello. Ya puestos en el camino, habremos de entender cuánto hemos avanzado cada día y cuán-

---

1. Séneca dirige este diálogo a su hermano Lucio Anneo Novato, quien al entrar en la familia de Junio Galión adoptó el nombre de Lucio Junio Galión. Este fue procónsul de Acaya entre el 52 y el 53 d. C.

to más cerca estamos del término del viaje al que nos empuja y acucia el deseo natural.

Porque si vagamos de acá para allá, sin otro guía que el griterío y la baraúnda discordante que nos llama hacia diferentes direcciones, malgastaremos nuestra corta vida, aunque, por otra parte, nos afanemos en cultivar día y noche nuestra alma. Decidamos, pues, adónde queremos ir y por dónde. Pero, no sin ayuda de persona experimentada, que conozca bien el camino por donde queremos ir, pues en este viaje no se dan las mismas condiciones que en los otros. En estos siempre hay algún sendero, y los lugareños a quienes preguntamos no permiten extraviarnos. Aquí, en cambio, el camino más trillado y más conocido es el que más nos engaña.

Nada, pues, hay que cuidar tanto como no seguir al estilo de las ovejas, al rebaño de los que van delante de nosotros, con la mira puesta no allá a donde se ha de ir, sino a donde se va. Nada, en efecto, nos implica en mayores males que aceptar el rumor de la gente creyendo que lo mejor es aquello que sigue la mayoría y de lo cual se nos ofrecen numerosos ejemplos. Así no se vive racionalmente, sino por acomodación. Consecuencia de esto es esa multitud ingente de personas que se agolpan unas sobre otras: una gran catástrofe humana, en que la gente misma queda aplastada, nadie cae sin arrastrar en su caída a otro, siendo los primeros motivo de la pérdida de los que les siguen. Esto mismo lo puedes ver realizado en toda la vida: nadie se descarría solo, sino que es causa y autor del error ajeno.

Es dañoso, por consiguiente, pegarse a los que van delante. Y, como quiera que todos prefieren creer a juzgar, jamás se juzga de la vida, siempre se cree, y el error, transmitido de mano en mano, nos arrastra y lleva al precipicio. Perecemos por el ejemplo ajeno; nos curaremos si nos apartamos de la masa. Pero ahora el pueblo, defensor de su propio mal, se rebela contra la razón. Sucede aquí lo mismo que en los comicios: se extrañan de que salgan elegidos pretores, aquellos mismos que les votaron, cuando el veleidoso favor del pueblo ha invadido la asamblea. Aprobamos lo mismo que criticamos. Tal es el resultado de todo juicio, que se falla por el voto de la mayoría.

II. Cuando se trata de la vida feliz, no has de responderme como se acostumbra en el recuento de los votos: «Este partido parece ser el mayor»; pues, precisamente por eso, es el peor. No van tan bien los asuntos humanos, que lo mejor agrade a la masa: el argumento de lo peor es la turba: busquemos lo que es mejor, no lo que es más común, o frecuente, y lo que nos lleve a la posesión de la eterna felicidad, no a lo que aprueba el vulgo, muy mal intérprete de la verdad. Y por vulgo entiendo tanto a los que visten clámide[2] como a los que llevan corona. Pues no pongo los ojos en el color de los vestidos con que se cubren los cuerpos ni confío de los ojos para conocer al hombre. Para distinguir lo falso de lo verdadero tengo una luz mejor y más segura: «Que el bien del espíritu lo descubra el espíritu». Y si este tuviera oportunidad de respirar y de entrar en sí, oh, cómo

2. La *clámide* era una amplia capa exterior.

13

se torturaría a sí mismo, confesaría y diría: «Cuanto hice hasta aquí preferiría no haberlo hecho; cuando pienso en lo que he dicho, envidio a los mudos; cuanto deseé, lo estimo maldición de mis enemigos. Todo lo que temí, oh justos dioses, fue mejor que lo que ambicioné. Estuve enemistado con muchos y del odio volví a la amistad, si puede haber amistad entre los malos, y todavía no soy amigo de mí mismo. Me esforcé toda mi vida por alejarme de la plebe y sobresalir por alguna buena cualidad. Y, ¿qué otra cosa alcancé más que ser el blanco de la envidia y mostrar a la malevolencia un lugar donde morderme? ¿Ves a esos que ensalza la elocuencia, que corren tras las riquezas, que son adulados por el favor popular, que exaltan el poder? Todos ellos o son enemigos, o lo que es igual, pueden serlo. Tan grande como la turba de los admiradores es la de los envidiosos».

III. ¿Por qué no busco yo más bien algo bueno que yo sienta que es bueno, y no para exhibirlo? Esas cosas tan admiradas, entre las que se detiene la gente, que uno enseña a otro estupefacto, relucen por fuera, por dentro son miserables.

Busquemos algo bueno, no en apariencia, sino sólido y valioso, y más hermoso aún por su interior. Ahondemos, no está lejos. Lo encontraremos; para ello, solo basta saber hacia dónde has de alargar la mano. Ahora pasamos ante las cosas que tenemos delante como a tientas, tropezando en las mismas cosas que deseamos. Mas, para no dar rodeos, prescindiré de las

14

opiniones de los otros. Resultaría largo solo con enumerarlas y refutarlas: recibe la mía. Y cuando digo la mía, no me someto a ninguna de las opiniones de los próceres estoicos: también yo tengo derecho a opinar. En consecuencia, seguiré a alguno, a otro le obligaré a dividir su pensamiento: y quizá, después de haberlos citado a todos, no desecharé nada de nuestros predecesores. Y diré: «esto mismo pienso yo».

Mientras tanto, siguiendo la opinión de todos los estoicos me atengo a la naturaleza de las cosas: eso es la sabiduría. No desviarse de ella y conducirse según su ley y su ejemplo. Vida feliz es, pues, aquella que sigue su naturaleza, que no se puede alcanzar más que con alma sana y en perfecta posesión de su salud. En segundo lugar, que sea enérgica y ardiente, generosa y paciente, adaptada a los tiempos, atenta a su cuerpo y a lo que le pertenece, pero sin angustiarse, solícita de las demás cosas que llenan la vida, sin dejarse arrastrar por ninguna, dispuesta a usar los bienes de la fortuna, no a servirla como esclava.

Y aunque no lo mencione yo, comprendes que esto traerá consigo una perpetua tranquilidad y libertad, una vez alejadas aquellas cosas que nos irritan, o nos aterran. Porque, en lugar de los deleites y pequeños placeres, deleznables y dañinos por su misma impureza, sobrevendrá un inmenso gozo, inquebrantable y continuado. Y también la paz y la concordia del espíritu, y la grandeza transida de mansedumbre. Porque, en efecto, toda ferocidad es hija de la debilidad.

IV. El bien, tal como lo tenemos concebido, puede también definirse de otra manera, es decir, puede entenderse en el mismo sentido, si bien con palabras distintas. Así como el mismo ejército unas veces se despliega en línea y se contrae otras, en un espacio estrechísimo; y otras veces adopta la forma de media luna, encurvándose por el centro para después estirarlo y formar línea recta, pero cualquiera que sea su disposición, su fuerza y su voluntad de luchar por la misma bandera son las mismas. Así, la definición del sumo bien puede ampliarse y desarrollarse o bien reducirse y replegarse.

Nos es, pues, permitido definir el sumo bien, diciendo: «el sumo bien es el alma que desprecia lo fortuito y se contenta con la virtud». O también: «Una fuerza invencible de ánimo, diestra y conocedora de las cosas, que domina la acción plena de humanidad y de solicitud para con los que convive».

Podemos definirla también, diciendo: «que es feliz aquel hombre para el que no existe otro bien ni otro mal que un alma buena o mala, que practica lo honesto, contento con la virtud». Un hombre que no se ensalza ni abate por los cambios de la fortuna. Un hombre, en fin, para quien no hay mayor bien que el que pueda darse a sí mismo y su verdadero placer el desprecio de los placeres. Y si quieres divagaciones, puedes presentar la misma cosa bajo uno u otro aspecto, sin cambiar su significado. Porque, ¿qué nos impide decir que la vida feliz es el alma libre, recta, intrépida y constante, que no siente el miedo y la ambición? Aquella cuyo bien único es la virtud y su único mal la vileza. Todo lo demás, una multitud de cosas sin valor que no roban ni aumentan un átomo a la felicidad de la vida, pues vienen y se van sin aumento ni mengua del sumo bien. Quien está bien fundado, quiera o no, se sentirá inundado de una continua alegría de un supremo gozo venido de lo más hondo, pues vive contento con sus bienes sin codiciar otra cosa de sí. ¿Por qué, entonces, no ha de valorar estas cosas y compararlas con los pequeños, frívolos y constantes movimientos de nuestro cuerpecillo? El día en que se sienta esclavo del placer, será víctima del dolor.

V. Te das cuenta ahora en qué mala y funesta esclavitud caerá quien sea presa de placeres y enfermedades sucesivas, que son los dueños más caprichosos y absolutos. Hay que encontrar, por tanto, una salida a la libertad y nada la da más que el desprecio de la fortuna. Será, entonces, cuando nazca aquel bien inestimable que es la tranquilidad del espíritu puesta a salvo y su sublimación. Y una vez ahuyentados todos los terrores surgirá del conocimiento de la verdad un gozo inmutable, así como un dulce ensanchamiento del espíritu. Con todos estos dones disfrutará, no como bienes de la fortuna, sino como emanados de su propio bien.

Y puesto que comencé a tratar este asunto con amplitud, añadiré que puede llamarse feliz aquel que, ayudado de la razón, ni desea ni teme. Porque también las piedras carecen de temor y de tristeza, así como los animales. Nadie, sin embargo, dirá que son felices, ya que no son conscientes de la felicidad.

En el mismo lugar pon a los hombres, quienes, por su naturaleza embotada y el desconocimiento de sí mismos, quedaron reducidos a la condición de bestias y animales. No hay diferencia alguna entre estos y aquellos. Estos carecen de razón y la de aquellos está depravada, siendo solo diligentes para su propio daño. Pues nadie puede llamarse feliz si está fuera de la verdad. En consecuencia, una vida en plenitud solo se basa de forma inmutable en un juicio recto y seguro. Un alma es pura, en efecto, libre de todo mal cuando no solo evita los desgarrones y los pinchazos y cuando está dispuesta a permanecer firme en el lugar que eligió como suyo y a defenderlo contra los furores de una fortuna hostil.

Y por lo que respecta al placer, aunque nos invada por doquier y se infiltre por todos los caminos y ablande el alma con sus caricias y remueva unos placeres con otros, con los que solicite a todos o parte de nuestros sentidos, ¿qué mortal, a quien todavía le quede un vestigio de hombre, querría verse halagado día y noche por el cosquilleo del placer, y descuidada el alma, entregarse al cuidado del cuerpo?

VI. Pero, alguien dirá también que el alma habrá de tener sus placeres. Cierto, que los tenga y se entregue a la lujuria y sea el árbitro de todos los placeres que seducen los sentidos. Ponga después sus ojos en los placeres pasados y, acordándose de los deleites caducos, embriáguese con ellos y alléguese ya a los futuros, ordenando así sus esperanzas. Y mientras su cuerpo vive engolfado en la dulce molicie presente, apresúrese a dirigir su pensamiento a las cosas futuras. Esto me parece miseria mayor, porque tomar lo malo como bueno es locura. Nadie es feliz sin una mente sana, ni hay hombre sano, que juzgue como mejores las cosas que le han de dañar. Feliz es, pues, el varón de juicio recto, que está contento con todo lo que tiene y es amigo de sus cosas, sean las que sean. Aquellos mismos, incluso, que sostuvieron que el sumo bien reside en el placer ven en qué lugar tan bajo lo habían puesto. Sin duda por esto, niegan que puedan separarse el placer de la virtud y añaden que nadie puede vivir alegremente sin vivir también con honestidad. No veo cómo cosas tan diversas puedan conciliarse. ¿Podéis decirme por qué no puede separarse la virtud del placer? Quizá, porque todo principio de bien tiene su origen en la virtud. Y de estas mismas raíces procede todo cuanto vosotros amáis y buscáis. Pero, si estas cosas fuesen inseparables, ¿no veríamos algunas cosas placenteras, pero no honestas? ¿Y otras, en cambio, honestísimas, pero ásperas, que se han de vivir en medio del dolor?

VII. A esto hay que añadir ahora que el placer se encuentra aun en la vida más vergonzosa. Pero la virtud no admite la mala vida. Y, además, hemos de admitir que algunos hombres son infelices, no porque carezcan de placeres, sino, precisamente, por causa de los placeres mismos: lo que no sucedería si a la virtud se mezclase el deleite, del que a menudo carece la virtud, pero que, sin embargo, nunca necesita. ¿Por qué juntáis cosas distintas e incluso contrarias? La virtud es cosa alta, excelsa y regia, indomable e infatigable.

El placer es bajo, servil, débil y caduco, cuya morada y lugar propio son los prostíbulos y tabernas. La virtud, en cambio, la encontramos en el templo, en el foro, en la curia, defendiendo las murallas, cubierta de polvo, robusta y con las manos llenas de callos. Al placer lo verás casi siempre escondido y buscando la oscuridad, merodeando por los baños y sudatorios y por lugares que temen la justicia. Es muelle, sin brío, empapado en vino y perfumes, pálido y acicalado, lleno de afeites.

El sumo bien es inmortal, no sabe dejar de existir: no conoce el hastío ni el arrepentimiento. Pues un espíritu recto nunca cambia, no se odia a sí mismo, porque siempre exige lo mejor. El placer, en cambio, se extingue cuando más agrada. Tampoco tiene mucho espacio, y, por tanto, se infla al instante y engendra tedio y al primer impulso se marchita. Y por eso no puede subsistir aquello cuya naturaleza consiste en el movimiento, y ni siquiera puede considerarse como subsistente aquello que llega y pasa con tanta celeridad y tiene su término en su mismo uso. Pues se acerca a aquello mismo que es su fin y desde su comienzo ya mira a su declive.

VIII. ¿Y cómo explicar que el placer se dé tanto en los buenos como en los malos, y que no deleite menos a los perversos su deshonra que a los buenos sus excelsas obras? Por eso los antiguos nos aconsejaron que siguiéramos la vida mejor, no la más placentera, de modo que el placer no sea el guía, sino el compañero de la voluntad buena y recta. Nos ha de guiar la naturaleza; la razón la observa y la consulta. Vivir felizmente, por tanto, es lo mismo que seguir la naturaleza. Explicaré qué significa esto: conservar con diligencia y sin miedo las cualidades corporales y las aptitudes naturales como bienes fugaces que nos fueron dados por un día; no someternos a su servidumbre ni dejarnos dominar por las cosas externas; usar de las cosas gratas y perecederas del cuerpo como en el campamento se usan los auxilios y las tropas ligeras, que tienen que servir, no mandar. Solo de esta manera serán útiles al alma. Que el hombre no se deje corromper por las cosas externas, ni sea dominado por ellas. Que sea solo admirador de sí mismo: confíe en la fuerza de su espíritu y esté preparado para los cambios de fortuna y sea artífice de su propia vida. Que su confianza no carezca de ciencia, ni su ciencia de constancia. Mantenga con entereza sus decisiones y no las enmiende a la hora de decidir. Y aunque no lo haya dicho, ya se entiende, este varón ha de ser ordenado y sensato y en su obrar magnánimo y afable.

La recta razón tiene su raíz en los sentidos y de allí ha de sacar los principios, pues no tiene otro punto de apoyo para dar su salto a la verdad y volver a sí misma. Del mismo modo, el mundo que todo lo abarca y Dios, rector del universo, tiende hacia las cosas exteriores, torna sobre sí mismo enteramente desde todos los sitios. Haga lo mismo nuestra mente: una vez, que haya seguido los sentidos y, a través de ellos, se haya proyectado hacia las cosas externas, vuelva a ser dueño de ellas y de sí mismo y, por decirlo así, conéctese al sumo bien. Es así como llegará a formar una sola fuerza y poder, concorde consigo mismo, y nacerá ese recto pensar que no disiente ni duda de opiniones y conceptos, ni de sus propias convicciones. Una vez que ha dispuesto y conjuntado la mente y, digámoslo así, puestas en armonía sus partes, ha alcanzado el sumo bien. Ya no le queda maldad ni inseguridad, nada de tortuoso o resbaladizo. Lo hará todo por su propio mandato y nada quedará a la improvisación, pues todo lo que se proponga terminará bien, fácil y prontamente, sin vacilar por su parte. Pues la pereza y la vacilación denuncian inconstancia y lucha. En consecuencia, puedes afirmar sin miedo que el sumo bien es la armonía del alma: porque las virtudes han de estar allí donde existe concordia y unidad. Los vicios producen la disidencia.

IX. Pero, ¿es que tú, me dirás, no practicas también la virtud porque esperas de ella algún deleite? Diré, en primer lugar, que, aunque la virtud es motivo de placer, no por ello se la busca. Porque no solo proporciona placer, no solo causa deleite y nos lleva a él, sino que su práctica, aunque esté dirigida a otra cosa, lo conseguirá también. Se asemeja a un campo en el que, si bien ha sido labrado para sembrar trigo, se entreveran algunas hierbas, y aunque estas deleitan la vista, el trabajo no se hizo por ellas. Otro fue el intento del labrador y le sobrevino todo esto. De la misma manera, el placer no es la recompensa, ni la causa de la virtud, sino algo accesorio, y no se acepta porque deleita, sino que si se lo acepta, también produce placer. El sumo bien reside en el juicio mismo y en el hábito de un espíritu bien dispuesto. El sumo bien se ha logrado cuando el alma ha sido plenamente colmada y se ciñe a sus justos límites, y ya no desea nada más. Pues nada hay fuera del todo, como tampoco hay nada fuera de los límites.

Yerras, por consiguiente, cuando me preguntas qué es lo que me mueve a buscar la virtud, pues buscas algo que está por encima del sumo bien. ¿Me preguntas qué busco en la virtud? A ella misma, pues no tiene nada mejor que ella y ella misma es su premio. ¿O te parece poco? Cuando te digo que el sumo bien es el vigor inquebrantable del alma, y su decoro, previsión, agudeza, salud, libertad y armonía, ¿puedes exigirme, todavía algo más extenso que a lo que se refieren todas estas cosas? ¿Por qué me nombras el placer? Yo busco el bien del hombre, no el del vientre, que el de las bestias y las fieras es más grande.

X. Finges no entender lo que yo digo: pues yo niego que nadie puede vivir feliz si no vive al mismo tiempo honestamente, algo que no puede suceder a los animales mudos, ni a los que miden su bien por la comida. Clara y abiertamente afirmo, que esa vida que yo declaro grata no se puede dar sin la virtud. ¿Quién ignora que hasta los más insensatos están ahítos de esos vuestros deleites? ¿Y quién no sabe que la maldad abunda en esos placeres y que el alma misma le sugiere estúpidos y numerosos géneros de vicios? En primer lugar, la insolencia y la excesiva estima propia, la hinchazón que nos eleva por encima de los demás, el amor ciego exagerado de sus cosas, las delicias de la vida muelle por razones sutiles y pueriles, la mordacidad y la soberbia que se deleita en los insultos, a los que se añade la desidia y la indolencia de un alma débil que se duerme sobre sí misma.

La virtud da de lado todas estas cosas, nos pone en guardia y pondera los placeres antes de aceptarlos. Y si admite alguno, pues ciertamente los admite, no es esclava de ellos, ni se goza con su uso, sino en la templanza con que los disfruta. Pero, como la templanza atenúa los placeres, es una injuria al sumo bien. Tú te abrazas al placer, yo lo modero; tú gozas del placer, yo lo uso; tú lo tienes por sumo bien, yo ni siquiera lo tengo por bien. Tú en todo buscas motivo de placer, yo en nada. Y cuando digo que nada en orden al placer, hablo de aquel sabio a quien solo concedes el placer.

XI. Y no llamo sabio a aquel que está sometido a algo por encima de sí, sobre todo si es el placer. Porque si estás sometido a este, ¿cómo podrás afrontar el trabajo y el peligro, la pobreza y tantas amenazas que rodean la vida del hombre? ¿Cómo se enfrentará a la presencia de la muerte y del dolor? ¿Podrá resistir la embestida del mundo y sus acérrimos enemigos, quien ha sido vencido por un adversario tan blando? Hará cuanto le sugiera el placer.

Está bien, ¿pero no ves cuántas cosas le aconsejaría?: «Nada torpe, dirás, le podrá aconsejar porque está unido a la virtud. ¿No ves una vez más, qué bien sumo es ese que necesita de un guardián para ser tan bueno? ¿Y cómo podrá la virtud gobernar al deleite a quien sigue, pues seguir es acción del que obedece y gobernar del que impera? ¿A las espaldas ponéis al que manda? ¡Gentil oficio dais a la virtud: repartidora de placeres!». Examinaremos con todo, si en los que con tanto desprecio hablan de la virtud, existe todavía la virtud, pues no puede mantener su nombre, si cede su puesto. Mientras tanto, y esto es de lo que se trata, déjame que te hable de muchos hombres sumidos en los placeres, a los que la fortuna colmó de bienes y que necesariamente has de confesar que son malos. Pon los ojos en Nomentano y Apicio,[3] que andaban buscando, según decían ellos, todos los bienes de la tierra y el mar y que en su mesa saboreaban los animales de todos los países. Míralos tendidos en su lecho de rosas a la espera de sus comilonas, halagando sus oídos con la música, los ojos con espectáculos, su paladar con sabores. Todo su cuerpo se relaja con suaves y acariciantes masajes. Y para que la nariz no se vaya de vacío mientras tanto, se impregna de olores varios la cámara donde se hacen los honores a la lujuria. Dirás que estos hombres viven entre deleites, pero no les irá bien porque no gozan del bien.

XII. «Les irá mal, dices, porque intervienen muchos factores que perturban el alma y opiniones encontradas inquietarán su mente.» Confieso que esto es así, pero, no obstante, esos mismos necios, volubles y expuestos a los golpes del arrepentimiento experimentan grandes placeres. Debemos confesar, por

3. *Gourmets* de la época de Augusto, siglo I d. C.

tanto, que tan lejos están de toda molestia como de toda cordura y, como sucede a muchos de ellos, enloquecen con una estupidez alegre, hasta enfurecerse de risa. Por el contrario, los placeres de los sabios son comedidos y tranquilos, un tanto lánguidos, recatados y apenas perceptibles. No vienen con reclamo y, aunque vinieran por sí mismos, no son recibidos con honores, ni aceptados con alegría por quienes los experimentan. El sabio los mezcla y los introduce en su vida como un juego y pasatiempo en las cosas serias. Dejen, por tanto, de conjugar lo incompatible y de confundir el placer con la virtud, vicio con el que se adula a los más viciosos. Ese hombre, perdido entre los placeres, dando siempre tumbos y ebrio, porque sabe que vive entre delicias, cree que también es virtuoso, porque oye que el placer no puede separarse de la virtud y pronto a sus vicios los llama sabiduría y lanza al viento lo que debiera ocultar. De esta manera, se lanzan a sus vicios, no impelidos por Epicuro, sino que dados a los vicios, ocultan su corrupción bajo el velo de la filosofía y se reúnen allí donde oyen alabar el placer: Ni se valora el placer de que habla Epicuro, que a mi entender es sobrio y austero, sino que vuelan tras su nombre, buscando en él un apoyo y un velo a sus desenfrenos. De este modo pierden la vergüenza de pecar, que era el único bien que les quedaba. Ensalzan todo aquello de lo que se avergonzaban y se glorían en el vicio. Por este motivo, ni a la juventud se le permite enmendarse, ya que se da un título honroso a una torpe ociosidad.

XIII. Esta es la razón por la que resulta perniciosa la alabanza del placer: porque los preceptos honestos quedan latentes y aparece lo que corrompe. Por mi parte, estoy convencido y lo diré a despecho de nuestros partidarios, de que Epicuro enseñó preceptos venerables y honestos y, si se miran más de cerca, hasta tristes. Reduce el deleite a algo pequeño y mezquino, y la ley que nosotros asignamos a la virtud es la misma que él asignaba al placer. Él manda que se siga a la naturaleza para la que es suficiente lo que para el vicio es poco. ¿Qué sucede, entonces? Que quien llama felicidad al ocio holgazán y alterna la gula con la lujuria, busca un buen defensor para una mala causa. Y cuando lo ha encontrado, empujado por la seducción del nombre, se entrega al placer que llevaba dentro, no al que le enseñaron. Y de esta manera, cuando comienza a juzgar que sus vicios son conformes con los principios recibidos, se entrega a ellos, pero no con timidez y recato sino a cara descubierta. Por lo mismo, no diré yo, como la mayoría de los maestros, que la secta de Epicuro es maestra de vicios, sino que está desacreditada y difamada sin razón. ¿Y quién puede saber esto, sino el que ha sido admitido en ella? El mismo frontispicio da lugar a las habladurías y suscita malas esperanzas. Es como un varón fornido en traje de mujer. Mientras te dure la vergüenza queda a salvo tu recto proceder, tu cuerpo se entrega a la deshonra, pero en tu mano hay un tambor.

Elíjase, por tanto, un honesto título y una inscripción que levante el ánimo a repeler aquellos vicios que tan pronto como vienen enervan las fuerzas.

Todo aquel que se acerca a la virtud da pruebas de un espíritu generoso, y quien sigue el placer aparece débil, roto, menos hombre. Y terminará encenagado en los vicios, a no ser que alguien le enseñe a distinguir los placeres. Así se dará cuenta de cuáles son los que están dentro del deseo natural y cuáles hay que arrojar desde el principio, pues son ilimitados y cuanto más se les satisface más insaciables son. Vaya, pues, la virtud por delante y todos tus pasos serán seguros. El excesivo placer perjudica. No hay que tener miedo al exceso en la virtud: en ella misma está la medida. No es bueno lo que con su propia grandeza padece.

XIV. ¿Se puede proponer algo mejor que la razón a quienes cupo en suerte una naturaleza racional? Y si se desea esa unión, si se quiere una vida feliz en compañía, vaya por delante la virtud, acompáñela el placer y únase a ella como la sombra al cuerpo. Pero someter a la virtud, la más excelente de todo, como sirvienta del placer, es propio de una mente incapaz de concebir nada grande. Que la virtud vaya por delante, que lleve el estandarte. Y no por eso nos faltará el placer; seremos sus señores y moderadores. Algo habrá que nos incite con sus halagos, pero nada que nos obligue a ceder. Pero aquellos que ponen el placer por delante, carecerán de ambas cosas: perderán la virtud y no poseerán el placer, sino que serán presa del mismo, porque o su carencia les tortura o su abundancia les ahoga: desdichados si no lo tienen y más desdichados si les oprime. Se asemejan a esos marineros que, sorprendidos en el mar de las Sirtes,[4] unas veces se ven en la arena seca y otras sobrenadan en la impetuosa corriente del mar.

A esto conduce una intemperancia excesiva y un amor ciego de las cosas, pues quien codicia el mal en vez del bien, no lo alcanzará sin peligro. Porque así como cansamos a las fieras con fatiga y peligro, y una vez captadas, son objeto de preocupación pues a menudo despedazan a sus dueños, así los que tienen grandes placeres se precipitan en grandes males y son presa de los que habían alcanzado. Y cuanto mayores y más numerosos son, tanto más pequeño y más esclavo de muchos es ese a quien el vulgo llama feliz. Me complace detenerme en esta comparación: así como el que busca la madriguera de las bestias y le agrada sobremanera cazar a lazo a las fieras y rodear con perros la espesura de los bosques, siguiendo sus huellas, abandona cosas más valiosas y da de lado muchos deberes, así, el que persigue el placer lo pospone todo. Y lo primero que descuida es su libertad; ni tampoco compra los deleites, sino que él mismo se vende a ellos.

XV. Pero, quizá me diga alguien: ¿qué impide que puedan unirse la virtud y el placer, formando así el bien sumo, de modo que una misma cosa sea honesta y agradable? Porque la parte de lo honesto no puede ser más que algo honesto; ni el sumo bien

4. Conjunto de dos bajos fondos de la costa mediterránea situados entre Cartago y Cirene.

tendrá toda su identidad si tiene algo diferente a lo mejor. Ni el gozo que surge de la virtud, aunque sea un bien, es parte del bien absoluto, como no son la alegría ni la tranquilidad, aunque nazcan de hermosísimas causas. Estas cosas son bienes, pero consecuencia del sumo bien, no su consumación. El que une el placer con la virtud, aun cuando no los juzgue iguales, por la fragilidad de uno de los bienes debilita el vigor del otro, y al mismo tiempo, somete al yugo esa libertad que sería invencible, si no conociera nada más precioso que ella misma; porque pronto, y esa es la mayor esclavitud, se le hace necesaria la fortuna. Y luego se echa encima una vida ansiosa, suspicaz, llena de alarmas, temerosa y pendiente de las circunstancias. No das a la virtud una base sólida e inmóvil, sino que la sometes a establecerse en un terreno movedizo. ¿Puede haber algo más voluble que la espera de lo fortuito, lo mudable del cuerpo y la variedad de las cosas que le afectan? ¿Cómo puede obedecer a Dios, aceptar de buen grado todo lo que le suceda y no quejarse del destino e interpretar favorablemente sus desventuras, quien se altera a la más pequeña punzada de los placeres o de los dolores? Ni tampoco podrá ser buen defensor o salvador de su patria ni valedor de sus amigos, si se inclina hacia los placeres.

Póngase, pues, el sumo bien en el lugar alto, donde ninguna fuerza pueda derribarlo y donde no tengan entrada el dolor, la esperanza, el temor; ni ninguna otra cosa que reduzca los derechos del bien supremo. Solo la virtud puede ascender a tal altura y con sus pasos se ha de remontar esta pendiente: ella se mantendrá firme y soportará todo lo que sobrevenga, no solo con paciencia, sino también con entera voluntad. Y sabrá que todas las dificultades de los tiempos son ley de la naturaleza. Y como buen soldado soportará las heridas, contará las cicatrices y al morir atravesado por los dardos, morirá amando al jefe por quien cae a tierra. Siempre tendrá en su mente aquel viejo mandato: «sigue a Dios»; pero, el que se queja, llora y gime, se ve obligado a hacer los deberes a la fuerza y contra su voluntad. Es arrebatado a donde se le ordena. ¿Qué locura es esta de preferir ser arrastrado a seguir? La misma, a fe mía, que se experimenta cuando por maldad o desconocimiento de la propia condición, te quejas de que te falte alguna cosa o te ocurra algo penoso, o extrañarte o indignarte por cosas que suceden tanto a los buenos como a los malos, a saber: la muerte, la enfermedad, debilidades y adversidades que alteran de improviso la vida humana. Aceptemos con ánimo generoso cuanto nos toca padecer por la misma constitución del universo, ya que estamos obligados a sobrellevar las condiciones que impone la vida mortal, sin que nos turbe aquello que no depende evitar por voluntad nuestra. Nacimos en este reino y obedecer a Dios es libertad.

XVI. En la virtud está, por tanto, la verdadera felicidad. ¿Qué te aconsejará esta virtud?: que no juzgues bueno o malo lo que te suceda sin virtud o sin culpa. ¿Y después?: que seas inconmovible incluso frente al mal que procede del bien y, en lo posible te hagas semejante a Dios. ¿Y qué se te promete por esta actitud? Grandes privilegios iguales a los divinos. No te verás obligado a nada, no carecerás de nada: serás libre y seguro, invulnerable. No intentarás nada en vano, nada te será impedimento. Todas las cosas te saldrán a tu medida y nada te será adverso, ni contra tu opinión o contra tu voluntad. Pues, ¿qué decir, entonces? ¿Basta la virtud para vivir felizmente, siendo ella perfecta y divina? ¿No ha de bastar? Incluso más que suficiente. ¿Puede acaso faltar algo al que está por encima de todo deseo? ¿Qué necesita fuera de sí quien todo lo ha vencido dentro de sí mismo? Pero el que se dirige hacia la virtud, aun cuando haya adelantado mucho en ella, necesita, sin embargo, de algún favor de la fortuna, mientras lucha con las cosas más humanas y se desata aquel nudo y todo lazo mortal. ¿En qué está, pues, la diferencia? En que unos están atados, otros encadenados y otros incluso agarrotados. En cambio, quien ha llegado a regiones superiores y se encumbró a lo más alto, arrastra más floja la cadena y, aunque no esté todavía del todo libre, lo podemos considerar como libre.

XVII. Si, pues, algunos de los que ladran contra la filosofía, dijeren, como acostumbran: «¿Por qué hablas con mayor fortaleza de la que vives? ¿Por qué bajas el tono de tus palabras ante el superior y estimas que el dinero es para ti un instrumento necesario? ¿Y por qué te desconcierta la adversidad y lloras ante la noticia de la muerte de tu mujer o de tu amigo, vas en busca de la fama y te pones indignado cuando hablan mal de ti? ¿Por qué tienes un campo mejor cuidado de lo que requiere el uso natural? ¿Por qué no cenas de acuerdo con tus preceptos? ¿Por qué ese mobiliario exageradamente elegante? ¿Por qué se bebe en tu casa un vino más viejo que tú? ¿Por qué esa casa más confortable? ¿Por qué esos árboles que no han de dar más que sombra? ¿Por qué tu mujer lleva en sus orejas la hacienda de una casa rica? ¿Por qué tu servidumbre se ciñe tan costosas libreas? ¿Por qué en tu casa es un arte servir a la mesa, y no se coloca la plata de cualquier manera, sino con arte, y tienes un maestro de trinchar las carnes?».

Añade, si quieres: «¿Por qué tienes posesiones allende el mar? ¿Por qué más de las que conoces? ¿Tan torpe eres o tan negligente que no conoces a tus propios criados? ¿O vives tan desordenadamente que, por tener tantos, tu memoria no alcanza a conocerlos?». Yo te ayudaré a aclarar estos reproches y me haré otros muchos cargos, más de los que tú supones. De momento, te respondo, no como sabio, pues no lo soy, y para alimentar tu maledicencia no lo seré nunca. Lo que me exijo a mí ahora no es ser igual a los mejores, sino ser mejor que los malos. Me contento con ir cercenando cada día algo de mis vicios y con castigar mis errores. No he llegado todavía a la salud, ni tampoco llegaré. Busco para mi gota más calmantes que remedios, muy contento de que me duela menos y menos veces, pero, ciertamente, comparados con vuestros pies, aunque débiles, sigo corriendo.

XVIII. No digo esto por mí, que estoy en la línea de todos los vicios, sino por aquel que hizo algún progreso. «Hablas de una manera, me dirás, y vives de otra.» Este mismo reproche, oh, mentes llenas de maldad y enemigas de los mejores varones, ya fue hecho a Platón, a Epicuro y a Zenón, porque todos ellos hablaban, no como vivían, sino como debieran vivir. Hablo no de mí, sino de la virtud. Y cuando reprocho los vicios, reprocho en primer lugar los míos. Cuando pueda, viviré como es debido. Y esa malignidad, henchida de veneno, no me apartará de los mejores. Ni tampoco esa ponzoña que derramáis sobre otros y con la que os matáis a vosotros mismos, me impedirá que, al menos alabe la vida, no la que llevo, sino la que sé que he de llevar. Ni por eso dejaré de adorar la virtud, ni de seguirla, aunque tenga que ir arrastrándome largo trecho. ¿Tendré que esperar a que algo esté libre de esa malevolencia de la que no se vieron libres ni Rutilio ni Catón? ¿A quién no tendrán por demasiado rico, los que tienen por poco pobre a Demetrio el cínico? Hombre ciertamente enérgico, luchador contra todo deseo natural y más pobre que todos los cínicos, porque si los demás cínicos se prohibieron poseer nada, él se prohibió incluso pedir, y le niegan que fuera bastante pobre. ¿Te das cuenta? No profeso la ciencia de la virtud, sino la de la pobreza.

XIX. Niegan que Diodoro, filósofo epicúreo, que poco ha puso fin a su vida, cortándose el cuello con su propia mano, lo hiciera siguiendo el mandato de

Epicuro. Unos quieren ver en esta acción locura, otros irreflexión. Él, en cambio, feliz y en plena conciencia, dio testimonio de sí mismo al dejar la vida y alcanzó la tranquilidad al llegar al puerto y haber echado las anclas. Fue entonces, cuando dijo lo que vosotros oís contra vuestra voluntad: «Viví y recorrí el camino que me trazó la fortuna».

Discutís de la vida de uno y de la muerte de otro, y cuando oís el nombre de hombres ilustres por méritos insignes ladráis como gozquecillos que salen al encuentro de viandantes desconocidos. Pues os conviene que nadie parezca bueno, como si la virtud ajena fuera la reprobación de vuestros delitos. Consumidos por la envidia, comparáis las cosas limpias con vuestras sordideces, sin entender que esto va en detrimento de vuestra osadía. Porque, si los que siguen la virtud son avaros, licenciosos y ambiciosos, ¿qué es lo que sois vosotros que odiáis hasta el mismo nombre de la virtud? Negáis que alguien practica lo que enseña, ni que viva de acuerdo con sus palabras. ¿De qué os extrañáis si hablan de cosas consistentes, elevadas, que superan todas las vicisitudes humanas, procurando desviarse de los cauces en que vosotros mismos habéis clavado vuestros clavos? Y llevados al suplicio, cada uno pende de un solo madero. En cambio, los que se castigan a sí mismos, cuelgan de tantas cruces como pasiones tienen. Pero los maledicentes se muestran ingeniosos hasta en la afrenta ajena. Creería que están libres de todo esto, si no viera que muchos de ellos escupen a sus espectadores desde el patíbulo.

XX. ¿No cumplen los filósofos lo que dicen? Pero cumplen mucho de lo que dicen, con solo concebir en su mente cosas rectas y honestas. Porque, si sus dichos respondieran a los hechos, ¿qué mayor felicidad que la suya? Por tanto, no hay por qué condenar sus buenas palabras y su corazón de buenos pensamientos. Loable es el cultivo de los estudios saludables, aunque no se consiga su fruto. ¿Nos ha de extrañar que no lleguen a la cumbre los que emprenden escaladas arduas? Si eres hombre contempla admirado a los que se atrevieron a hacer cosas grandes, aun cuando fracasaran en el intento. Generosa hazaña es aspirar a cosas grandes, intentar alcanzarlas sin mirar a sus propias fuerzas, sino a las de la naturaleza, y concebir aun planes mayores que los que pueden realizar los mejor dotados de un espíritu superior. Quien esto se propone y dice: «Miraré la muerte con el mismo rostro con que oigo hablar de ella. Por grandes que sean, me someteré a los trabajos, fortaleciendo mi cuerpo con el espíritu. Con la misma igualdad de ánimo despreciaré las riquezas tanto presentes como ausentes; no me entristeceré de verlas en otros lugares, ni estaré más animoso si me deslumbran a mi alrededor. No haré caso de que venga o se ausente la fortuna. Miraré todas las tierras como si fueran mías y las mías como si fuesen de todos. Viviré como quien sabe que vive para los demás y por eso mismo daré gracias a la naturaleza. ¿Pues de qué otra manera puedo arreglar mis otros asuntos? Ella me hizo a mí para todos y a todos para mí. Cuanto posea no lo guardaré sórdidamente ni lo derrocharé con prodigalidad. Nada creeré poseer mejor que lo que doy bien. No ponderaré los beneficios por el número o el peso, ni por otra estimación que la del que los reciba. Y nunca me parecerá mucho lo que reciba una persona digna. Nunca haré nada por la opinión, sino por la conciencia. Cuanto haga, siendo yo solo testigo, creeré hacerlo en presencia de todo el pueblo. El fin de mi comida y bebida será cumplir la necesidad de la naturaleza, no llenar el vientre y vaciarlo. Seré amable con mis amigos, suave y condescendiente con mis enemigos; concederé antes de que se me pida y atenderé toda petición honesta. Sabré que mi patria es el mundo y los dioses mis protectores; que ellos están por encima de mí y me rodean, censores de mis hechos y mis dichos. Y cuando la naturaleza reclame mi espíritu y mi razón lo despida, saldré con el testimonio de haber amado la buena conciencia y las buenas inclinaciones y que nadie vio disminuida su libertad por mí, ni menos la mía por nadie».

XXI. El que se proponga, intente y quiera hacer esto emprenderá el camino hacia los dioses, y si no llegare a conseguirlo, habrá caído en un intento grandioso. Pero, vosotros que odiáis la virtud y al que la practica, no hacéis nada nuevo. Porque también los ojos enfermos temen al sol y los animales nocturnos aborrecen la luz del día y a su primera claridad se desorientan y corren a buscar sus guaridas y temerosos de la luz se esconden en alguna grieta. Gemid, ejercitad vuestra lengua miserable para ultrajar a los buenos, apresuraos a morder a todos: os romperéis los dientes mucho antes de clavarlos. «¿Por qué ese es tan amante de la filosofía y lleva una vida de rico opulento? ¿Por qué afirma que hay que despreciar las riquezas y las conserva? ¿Por qué piensa que se ha de despreciar la vida y, sin embargo, vive? ¿Que hay que despreciar la salud y, no obstante, la cuida con tanto mimo y prefiere tenerla inmejorable? Y piensa que el exilio es una palabra vana y dice: ¿Qué mal hay en cambiar de país? Sin embargo, si puede, envejece en su patria. Piensa que no hay diferencia entre una vida larga o breve. Él, sin embargo, si nada se lo impide, alarga su existencia y reverdece complacido en una ancianidad prolongada.»

Afirma que hay que despreciar estas cosas, no que no se tengan, sino que no se tengan con ansiedad. No las rechaza, pero cuando se van, él sigue seguro. Porque, ¿dónde podrá él depositar mejor sus riquezas que donde pueda recuperarlas sin queja del que las devuelve? Cuando Marco Catón[5] alababa a Curio[6] y a Coruncario[7] y a aquel siglo en que era delito para los censores la posesión de algunas pocas medallas de plata, él poseía cuatrocientos sextercios. Menos ciertamente de los que tenía Craso,[8] pero

5. Marco Catón de Útica es citado varias veces por Séneca como ejemplo y modelo del hombre romano.
6. Mario Curio Dentato, cónsul tres veces, murió en el 270 a. C. Citado siempre como modelo de austeridad.
7. Tiberio Coruncario, cónsul en el 270 a. C.
8. Candidato en el primer triunvirato con César y Pompeyo. Derrotado y muerto en la batalla de Carre contra los partos (53 a. C.).

muchos más de los que tuvo Catón el censor. Si lo comparamos, veremos que Marco Catón superaba a su bisabuelo por mayor diferencia que la que Craso le superó a él. Y no hubiera desdeñado mayores riquezas, si le hubieran sobrevenido. Pues el sabio no se considera indigno de cualquier don de la fortuna. No ama las riquezas, las prefiere; no las recibe en su alma, sino en su casa. Y no rechaza las que ya posee, sino que las guarda, contento de tener mayor materia para su virtud.

XXII. ¿Qué duda puede caber de que el hombre sabio tendrá más oportunidades para mostrar su espíritu en la riqueza que en la pobreza? Porque en esta no hay más que un único género de virtud, como no abatirse, no deprimirse. En las riquezas, en cambio, tienen campo abierto la templanza, la liberalidad, la diligencia, la buena disposición y la magnificencia. El sabio no se avergonzará de sí, aunque fuere de pequeñísima estatura, pero querrá tenerla de prócer y cuando sea de cuerpo enteco y le falte un ojo, preferirá un cuerpo robusto. Y, para que sepa que tiene en sí algo de más valor, soportará la mala salud y deseará la buena. Pues algunas cosas, aunque pequeñas para el conjunto y puedan quitarse sin mengua del bien principal, añaden, no obstante, una alegría perenne, que nace de la virtud. Por eso, le afectan y alegran las riquezas, como al navegante un viento navegable y seguro o un buen día y un lugar soleado en tiempo frío y brumoso. ¿Cuál de los sabios, hablo de los nuestros, para quienes solo la virtud es el bien supremo negará que estas cosas que llamamos indiferentes tienen en sí mismas algún valor y que unas son mejores que otras? A algunas de ellas se les hace poca estima; a otras, mucha; y las riquezas, no te engañes, están entre las preferibles.

¿Por qué, pues, me dirás, te burlas de mí, si tienen para ti el mismo lugar que para mí? ¿Quieres que te desengañe de que no tienen el mismo lugar? Si las riquezas huyeran de mí, no se llevarían más que a sí mismas. Tú te quedarías pasmado, al verte abandonado, sin ti, si las riquezas te abandonaran. En mí las riquezas tienen algún lugar. En ti tienen el más alto: y a la postre, mis riquezas son mías; tú, en cambio, eres de las riquezas.

XXIII. Deja, pues, de prohibir las riquezas a los filósofos, que nadie condenó a la sabiduría a ser pobre. Tendrá el filósofo grandes riquezas, pero no se las habrá quitado a nadie, ni estarán manchadas con sangre ajena. Las habrá adquirido sin perjuicio de nadie, sin negocios sucios, cuyo destino sea tan honrado como su adquisición y de las que no se lamentarán más que los malévolos. Son hombres, puedes aumentarlas cuanto quieras, pues entre ellas hay muchas cosas que todos desearían fueran suyas, pero no hay nada, sin embargo, que alguien pueda decir que es suyo. Pero el sabio no olvidará el favor de la fortuna para con él y no se gloriará ni se avergonzará del patrimonio honestamente adquirido por él. Tendrá, sin embargo, de qué gloriarse si abre su casa y tras recibir en ella a toda la ciudad puede decir:

«Que cada uno lleve lo que reconozca como suyo». Oh, qué gran varón, justamente rico, si las obras están acordes con sus palabras, y, si después de haberlas promocionado, tuviera lo mismo que antes. Quiero decir que, si confiado y seguro, hubiera permitido al pueblo hacer una investigación de sus riquezas y nadie hubiera podido encontrar nada de que echar mano, ese tal podría llamarse entonces franca y abiertamente rico.

El sabio no dejará que traspase su umbral ningún denario adquirido de malos modos, pero tampoco repudiará ni excluirá las grandes riquezas, don de la fortuna y fruto de la virtud. ¿Por qué habría de negarles un buen lugar? Vengan, pues, y sean admitidas. Ni hará ostentación de ellas, ni las ocultará. Lo primero es propio de un espíritu necio; lo segundo, de un varón tímido y pusilánime, que escondiera un gran bien en su seno. Tampoco, como ya dije, las arrojará de casa. Pues, ¿qué?, les dirá: «sois inútiles o es que yo no sé hacer uso de las riquezas? De la misma manera que si pudiera hacer a pie un viaje, preferiría tomar un coche, si quisiera ser pobre, podría ser rico». Y poseerá ciertamente las riquezas como algo liviano y huidizo, y no consentirá que sean pesadas ni para sí ni para los demás.

Dará... ¿Por qué aguzáis el oído? ¿Por qué tendéis la bolsa? Dará, sí, a los buenos y a aquellos que pueda hacer buenos. Dará con la mayor prudencia, eligiendo a los más dignos, como quien sabe que ha de dar cuenta tanto de lo recibido como de lo gastado. Dará por causas justificadas y rectas, pues entre los gastos torpes se cuenta un don no bien empleado. Tendrá la bolsa fácil, pero no con agujeros, de la que salen muchas cosas sin que se caiga nada.

XXIV. Se equivoca el que piensa que dar es cosa fácil; tarea muy difícil es la de dar con discernimiento y no se derrocha el dinero al voleo y al azar. A uno prometo, devuelvo al otro, socorro a este, me compadezco de aquel. Al de más allá le encuentro digno de que la pobreza no lo deprima, ni le domine. A algunos no les daré, aunque les falte, porque, aunque les diere, les faltará. A otros ofreceré, y a otros incluso les obligaré a que lo acepten. No puedo ser negligente en este asunto, pues nunca invierto mejor que cuando doy. «Entonces, ¿qué?, dirás, ¿tú das para recibir después?» Mejor, para no perder. Vaya la donación a aquel lugar de donde no pueda reclamarse, pero sí ser devuelta. El beneficio hay que enterrarlo como a tesoro profundamente escondido, que no has de desenterrar si no fuere necesario.

Gran casa es la casa de un hombre rico. ¡Cuántas ocasiones tiene de hacer el bien! ¿Pues, quién llama liberalidad solamente a la que se hace a los que visten toga? Es la naturaleza la que manda hacer el bien a los hombres, sean esclavos o libres, de padres libres o libertos. ¿Qué importa que su libertad sea legal o dada entre amigos? Allí donde haya un hombre, hay lugar para un beneficio. Es posible, por tanto, distribuir el dinero, aun sin franquear el propio umbral y ejercitar la liberalidad, porque esta no se llama libre porque se deba a los hombres libres, sino porque nace de un espíritu libre. Pero tampoco es sabio ejercerla con personas torpes e indignas. Y nunca está tan exhausta que cuantas veces se encuentra un hombre de bien deja de desbordarse, como si estuviera totalmente llena.

No se han de interpretar erróneamente las palabras que con tanta honestidad, fuerza y entusiasmo dicen los amantes de la sabiduría. Y lo primero a lo que debéis atender es esto: una cosa es el amante de la sabiduría y otra el que la ha conseguido ya. El primero te dirá: «Yo hablo muy bien, pero todavía estoy envuelto entre muchos males. No me pidas que viva conforme a mi doctrina, pues lo más que hago es formarme y elevarme hasta ser un modelo acabado. Si llego hasta donde me he propuesto, exígeme que los hechos respondan a mis palabras». Pero el que ha alcanzado ya la cima del bien humano se comportará de otro modo y te dirá: «Lo primero es que no te puedes permitir juzgar a los mejores; a mí ya me ocurre, y una prueba de mi rectitud es que no agrado a los malos. Pero para darte la razón de que no envidio a ninguno de los mortales escucha lo que te prometo y en cuánto estimo las cosas: niego que las riquezas sean un bien, pues si lo fuesen, harían buenos a los hombres. Por tanto, como no se puede llamar bien a lo que se encuentra entre los males, les niego este nombre. Por lo demás, confieso que se han de tener y que son útiles y que aportan grandes comodidades a la vida».

XXV. Entonces, ¿qué? Escuchad. ¿Qué razón hay para que yo no las cuente entre los bienes? ¿Y por qué difiero en ellas de vosotros, pues ambos convenimos en que se deben poseer? Ponedme en una casa muy rica, rodeado de oro y plata para usos muy diversos. No me envaneceré por estas cosas, pues aunque estén cerca de mí, están fuera de mí. Llevadme al puente Sublicio[9] y arrojadme entre los mendigos. No por eso me despreciaré al verme sentado entre los que extienden la mano pidiendo limosna. ¿Qué importa que falte un mendrugo de pan al que no le falta poder morir? ¿Qué decir, pues? Que prefiero aquella casa opulenta al puente. Paseando entre alhajas deslumbrantes y finísimas y en medio de un lujo refinado, por nada de eso me consideraré más feliz. Por llevar un manto de seda o que mis banquetes estén alfombrados con tapices de púrpura, ni por el contrario seré más desgraciado, si reposare mi cabeza cansada sobre un manojo de heno o si me acostare sobre esa borra que asoma por las costuras de una tela vieja. ¿Adónde voy con todo eso? A demostrar que prefiero presentar el alma que tengo vestido con la pretexta[10] y la clámide de cuestor a ir con las espaldas desnudas o a medio cubrir. No me complaceré tampoco con que mis días transcurran según mis deseos, ni que nuevos parabienes sucedan a los anteriores. Cambia en adversidad este favor del tiempo y que por una y otra parte se vea atacado el ánimo con daños, luto y acometidas diversas sin que

9. El puente de madera más antiguo de Roma. A él acudían muchos mendigos.
10. La toga *pretexta*, con borde púrpura, era propia de los altos magistrados.

haya un solo instante sin quejas: no por eso, metido entre miserias, me llamaré desdichado, ni maldeciré el día: porque ya he decidido que ningún día sea negro para mí. ¿Cómo entender esto? Prefiero atemperar los gozos a reprimir los dolores.

Esto te lo dirá el gran Sócrates: «Hazme vencedor de todas las naciones; que el delicioso coche de Baco me lleve triunfante desde el nacimiento del sol hasta Tebas; que los reyes de los persas me pidan leyes; cuando en todas partes sea saludado como dios más pensaré que soy hombre. Haz que a tan sublime ascensión suceda inmediatamente una caída brusca; que me lleven en andas ajenas para realzar la pompa de un vencedor fiero y altanero: no me sentiré más humillado en carroza ajena, que cuando iba subido a la mía. Entonces, ¿qué? Que prefiero vencer a ser cautivo».

Despreciaré todo el reino de la fortuna, pero si me dan a escoger, elegiré lo mejor de él. Todo lo que me sucediere, se me hará bueno, pero prefiero las cosas más fáciles y placenteras y menos incómodas para quien trata con ellas. Pero no creas que existe virtud alguna sin trabajo; algunas necesitan de estímulos; otras, de freno. Así como el cuerpo ha de contenerse cuesta abajo y ser empujado cuesta arriba, así sucede con las virtudes: Algunas están situadas en las cuestas para bajarlas y las otras para subirlas. ¿Podemos dudar que suben, se esfuerzan y luchan la paciencia, la fortaleza, la perseverancia y cualquiera otra virtud que se opone a la adversidad y doblega a la fortuna? ¿Qué más? ¿Y no es acaso igualmente manifiesto que caminan cuesta abajo la liberalidad, la templanza y la mansedumbre? En estas detenemos el ánimo para que no caiga; en las otras le exhortamos e incitamos. En consecuencia, a la pobreza le aplicaremos las virtudes más fuertes, aquellas que se fortalecen en la lucha. A las riquezas, las más diligentes, que andan de puntillas y mantienen su equilibrio.

XXVI. Hecha esta división, yo prefiero practicar aquellas virtudes que puedo ejercitar con mayor tranquilidad y no las otras, cuyo ejercicio exige sangre y sudor. «Por tanto, no vivo de diferente manera de la que hablo, dirá el sabio: sois vosotros los que entendéis lo contrario de lo que digo, a vuestros oídos llega solamente el sonido de las palabras, sin inquirir su significado. Pues, ¿qué diferencia, me dirás, hay de mí, que soy ignorante, a ti, que eres sabio, si ambos queremos poseer mucho?» Muy grande: que las riquezas del sabio están bajo servidumbre; las del necio, en el poder. El sabio no permite cosa alguna a las riquezas, estas, a vosotros, todas. Vosotros os acostumbráis y os apegáis a ellas como si alguien os hubiera prometido su posesión para siempre. El sabio, en cambio, medita sobre todo en la pobreza, cuando está asentado en la riqueza. Nunca confía tanto el general en la paz, que no se prepare para la guerra que le ha sido declarada, aunque no se lleve a cabo. A vosotros os desvanece la casa hermosa, como si no pudiera quemarse o venirse abajo. Os ciegan las riquezas ostentosas, como si estuvieran exentas de todos los peligros, y como si fueran tan grandes que la fortuna careciera de fuerza para no devorarlas. Jugáis ociosos con las riquezas, sin prevenir sus riesgos. Os sucede a menudo lo que a los bárbaros, que asediados tras las murallas, ignoran las máquinas de guerra, miran perezosos el trabajo de los sitiadores, y no entienden qué finalidad tiene todo aquello que se construye a lo lejos. Lo mismo os sucede a vosotros, os consumís en vuestros negocios, sin atender a las desgracias que amenazan por todas partes, dispuestas a llevaros los más preciosos despojos.

Si alguien arrebata sus riquezas al sabio, le dejará todos sus bienes: porque vive contento en el presente y no le inquieta el porvenir. Como diría Sócrates y cuantos tienen la misma autoridad y el mismo poder sobre los derechos humanos: nada me ha decidido a no plegar las acciones de mi vida a vuestras opiniones. Juntad de todas partes vuestras acostumbradas injurias que yo no pensaré que me injuriáis, «sino que chilláis como infelices muchachos». Aquel a quien cupo en suerte ser sabio, dirá esto: «El que tiene el alma inmunizada contra los vicios, esta le manda a reprender a los demás, no por odio, sino para su corrección». Y les añadirá esto: «Lo que me mueve es vuestra manera de pensar, no por mí, sino por vosotros: porque aborrecer y ofender a la virtud vale tanto como renunciar a toda buena esperanza. No me hacéis ninguna injuria, como tampoco la hacen a los dioses, los que derriban los altares, aunque muestran su mala intención y propósito, aun allí donde no pueden hacer daño alguno. Soporto vuestras alucinaciones, de la misma manera que Júpiter, óptimo máximo, las necedades de los poetas. Uno de los cuales le puso alas; otro, cuernos; otro lo presenta como adúltero y trasnochador; otro, cruel con los dioses; otro, injusto con los hombres; otro, raptor y corruptor de hombres libres y hasta de sus propios parientes; otro, parricida y expugnador del trono de su rey y hasta de su mismo padre. Con todo lo cual no se consiguió otra cosa que quitar a los hombres la vergüenza de pecar, si hubieran creído que sus dioses eran así».

Mas, aunque estas cosas no me afectan, por vuestro propio bien os amonesto a que admitáis la virtud. Creed a los que hace tiempo que la siguen y que afirman seguir algo grande y que cada día expresan más su grandeza. Reverenciadla como a los dioses y a los que la profesan como a sacerdotes. Y siempre que se hiciera mención de las letras sagradas, enmudezca la lengua. Esta expresión, como piensan muchos, no deriva de favor, sino que impone silencio, para que se pueda celebrar dignamente el rito sin que haya alguna mala voz que lo interrumpa.

XXVII. Este silencio es más necesario imponéroslo a vosotros, a fin de que siempre que se pronuncie sentencia salida de aquel oráculo, la oigáis con atención y apretados los labios. Cuando aquel que toca el sistro por orden superior; cuando alguno diestro en cortarse los músculos, cubre de sangre con su propia mano sus brazos y sus hombros; cuando otro aúlla, arrastrándose de rodillas por la calle; y cuando un anciano vestido de lino y llevando una rama de laurel en pleno día, proclama y dice que alguno de los dioses está enojado, concurrís todos y le oís, y guardando un mutuo pasmo, afirmáis que es un varón santo. El mismo Sócrates, que, desde aquella cárcel que él purificó con su entrada y la hizo más honorable que cualquier palacio, proclama: «¿Qué locura es esta? ¿Qué naturaleza es esta, enemiga de los dioses y de los hombres, que difama la virtud y con malignas razones viola las cosas más santas? Si podéis, alabad a los dioses buenos, si no podéis, al menos pasad de largo. Y si os place ejercitar esta tétrica licencia, arremeted unos contra otros. Pues, cuando os enfurecéis contra el cielo, no os digo que cometéis sacrilegio, sino que perdéis el tiempo».

Alguna vez, di yo a Aristófanes[11] materia de burlas y, toda aquella caterva de poetas cómicos derramó sobre mí sus venenosos dicterios. Mi virtud quedó esclarecida por aquellos mismos que la atacaban, pues conviene que se la ponga a prueba y se la ataque. Y nadie conoce mejor su grandeza que quien sintió su fuerza cuando le atacaban: nadie conoce mejor la dureza del pedernal como el que lo golpea. Me siento no de otra manera que como roca en un mar agitado, a la que las olas no cesan de golpear por cualquier lado que se muevan. Pero, ni por eso la mueven un punto de su lugar, ni por ello queda desgastada a pesar de tantos siglos de continuos embates. Acometedme, asaltadme: mi paciencia os vencerá. Solo para su mal ejecuta su fuerza todo aquel que ataca las cosas firmes e invencibles.

Buscad, por tanto, alguna materia blanda y flexible en que se claven vuestros dardos. Pero vosotros, ¿tenéis tiempo todavía para indagar los males ajenos

11. Autor griego de comedia política (445-385 a. C.).

y juzgar a cualquiera que sea? ¿Por qué este filósofo vive en una casa más amplia? ¿Por qué el otro cena más opíparamente? Os fijáis en las pupas ajenas y vosotros estáis llenos de úlceras. Es como si uno ridiculizara los lunares y verrugas de cuerpos hermosísimos y a él le comiera una sarna horrible. Objetad a Platón que pidió dinero; a Aristóteles que lo recibió, a Demócrito[12] que lo despreció y a Epicuro que lo malgastó. Podéis reprocharme a mí también, a Alcibíades[13] y a Fedro.[14] Felices vosotros, sobre todo, cuando por primera vez podáis imitar nuestros vicios. ¿Y por qué no examináis más bien vuestros males que os carcomen por todas partes, unos atacando desde fuera, otros mordiendo en vuestras entrañas? No están las cosas humanas como para que a vosotros, aunque conozcáis poco vuestro estado, os sobre tanto ocio para desplegar vuestra lengua, criticando la buena conducta de los mejores.

XXVIII. Vosotros no acabáis de entender todas estas cosas y, por eso, volvéis la cara a vuestra situación. Os sucede como a muchos que, estando sentados en el circo o en el teatro, se les ha quemado la cara y siguen sin enterarse. Pero, yo, oteando las cosas desde lo alto, veo las tempestades que os amenazan y que a no mucho tardar, romperán las lluvias, y poco después se

12. Filósofo nacido en Abdera, Tracia (460-370 a. C.).
13. General ateniense que venció a los espartanos en Cizico (411 a. C.)
14. Literato creador de la fábula griega.

acercarán más y terminarán arrastrándoos a vosotros y a vuestros bienes. ¿Qué decir, entonces? ¿Es que ni siquiera ahora os dais cuenta, aunque no lo sintáis tan cercano, de que un torbellino gira en torno a vosotros y envuelve vuestras almas, y que cuando tratáis de huir, buscando las mismas cosas, unas veces os levanta a una altura sublime, y otras os arrebata hacia los abismos?

DE LA VIDA RETIRADA O DEL OCIO[15]

A Anneo Sereno

I. ... con gran unanimidad nos lanzan a los vicios. Aunque no intentáramos ninguna otra cosa saludable, la misma soledad nos será provechosa: cada uno de nosotros seremos mejores. ¿Es que, por ventura, no nos es posible acercarnos a los varones mejores y elegir un modelo al que ajustar nuestra vida? Cosa que no se consigue sino con el ocio. Será entonces cuando alcancemos lo que una vez soñamos, sin que nadie se interponga y, que, sin la ayuda del vulgo, pueda hacernos cambiar nuestro criterio todavía débil. Será entonces cuando nuestra vida pueda caminar con paso igual y al mismo ritmo, esa vida que

---

15. Dedicado a Anneo Sereno, amigo de Séneca, el diálogo nos ha llegado mutilado, sin principio ni final, hecho que impide su datación exacta. Algunos autores apuntan el año 62 a. C. como fecha de composición.

destrozamos nosotros mismos con tan gran diversidad de proyectos. Porque el peor de los males es que vamos cambiando de vicios, de manera que ni siquiera nos sucede mantenernos en un mal ya acostumbrado. Nos agrada uno tras otro y este nos empuja también hasta el punto de que nuestros juicios, no solo son malos, sino también ligeros.

En este nuestro fluctuar abrazamos una cosa y otra, dejamos las cosas que buscábamos y volvemos a las que habíamos abandonado: en constante vaivén se suceden nuestra pasión y el arrepentimiento. Pues todos estamos pendientes de los juicios ajenos; y nos parece lo mejor aquello que tiene muchos pretendientes y admiradores y no lo que merece alabanza y que se elige por sí mismo. Ni tampoco elegimos el camino bueno o malo por sí mismo, sino por las huellas entre las que no hay ninguna de retorno. Quizá me digas: «Y tú, ¿qué haces, Séneca? ¿Abandonas tu partido? Con razón dicen nuestros estoicos: "estaremos en el tajo hasta el final, no dejaremos de trabajar por el bien común, de ayudar a todos y cada uno, de socorrer, incluso, a nuestros enemigos con mano tendida. Nosotros somos los que no tenemos ningún año libre y, como dice aquel varón excelentísimo:

> *canitiem galea premimus*
> ceñimos con el casco nuestras canas;[16]

16. Frase incompleta con la que comienza este diálogo, que, como decimos, ha llegado hasta nosotros incompleto.

somos de aquellos para quienes no hay ningún momento de ocio antes de la muerte, de manera que, si las cosas lo permiten, hasta la misma muerte no está ociosa. ¿Cómo es que enseñas la doctrina de Epicuro desde las filas de Zenón? Y si renuncias a tu partido, ¿cómo no tienes el valor de ser tránsfuga mejor que traidor?"». De momento, te responderé lo siguiente: «¿Quieres acaso algo más de mí que mostrarme semejante a mis maestros? Pues, ¿qué? Iré, no donde me envíen ellos, sino a la meta que me señalen».

II. Te demostraré ahora que no me aparto yo de los preceptos de los estoicos, pues tampoco ellos se desviaron de los suyos. No obstante, no se me podría acusar de no seguir sus enseñanzas, sino de no seguir sus ejemplos. Diré, en primer lugar, que puede uno desde su temprana edad entregarse con toda su alma a la contemplación de la verdad, buscar una norma de vida y practicarla en secreto. Demostraré después que uno puede hacer esto, una vez cumplidos sus deberes profesionales, ya llegado a viejo. Entonces, el hombre con más derecho que nadie puede continuar su trabajo y dirigir la actividad de los otros. Así lo hacen las vírgenes vestales que, habiendo repartido su tiempo en diferentes oficios, aprenden a realizar las funciones sagradas y, una vez aprendidas, las enseñan a otras.[17]

17. Virgilio, *Eneida*, IX, 612.

III. Te demostraré también que esto agrada a los estoicos. Y no porque me haya impuesto una ley de no adelantar nada contra lo dicho por Zenón o Crisipo, sino porque el tema mismo me permite adherirme a su opinión. Seguir siempre la opinión de uno, no es propio de un senado sino de un partido. ¡Ojalá que se supieran ya todas las cosas y que la verdad fuese abiertamente proclamada! Entonces, no habría nada que enmendar en nuestras decisiones: ahora buscamos la verdad con los mismos que la enseñan.

En esta cuestión discrepan las dos sectas más importantes: la de los epicúreos y la de los estoicos. Pero ambas nos llevan al ocio por distintos caminos. Dice Epicuro: «El sabio no se ha de implicar en los negocios públicos, a no ser que le obligue alguna circunstancia». Zenón dice: «Se implicará el sabio en los negocios públicos, a no ser que algo se lo impidiere». El primero pide el aislamiento por principio, el segundo, de forma condicionada. Pero esta condición es muy amplia: si la república está tan corrupta que no es posible ayudarla; si está llena de males, el sabio no se empleará en esfuerzos baldíos, ni, puesto que no va a sacar resultado alguno se lanzará a la empresa. En el caso de tener poca autoridad o poca fuerza, la república tampoco le admitiría si la salud se lo impidiere. Porque así como no fletaría al mar a un navío agrietado; y como no se alistaría en la milicia si estuviese lisiado, de la misma manera no entraría en un camino que ya cree inútil.

Quien esté todavía en toda su fuerza e integridad, puede quedarse en tierra antes de sufrir borrasca alguna, y entregarse por entero a las artes nobles, vi-

viendo en total aislamiento, entregado al cultivo de aquellas virtudes que pueden practicar hasta los más inmersos en el ocio. Lo que se pide al hombre público es que sea útil a los hombres y, si es posible, a muchos. Si no que se entregue a pocos y si menos todavía, a los más allegados y, en último término, a sí mismo. Pues cuando se hace útil a los demás, dirige un negocio público. Porque, así como el hombre que se deteriora, no solo se daña a sí mismo, sino también a todos aquellos a quienes hubiese podido aprovechar, si se hubiese puesto mejor, así el que merece bien de sí mismo, aprovecha así a otros, ya que prepara al hombre que en su día les habrá de servir.

IV. Abarquemos con la mente dos repúblicas, una grande y verdaderamente pública en la que caben los dioses y los hombres, en la que no nos fijamos en uno que otro ángulo sino que, por el curso del sol medimos los términos de la misma. La otra república es aquella a la que quedamos adscritos por nuestro nacimiento: esta es la de los atenienses, cartagineses o cualquiera otra ciudad, que no pertenece a todos los hombres, sino a determinados. Algunos se entregan simultáneamente a ambas repúblicas: la mayor y la menor; otros, en cambio, solo a la mayor, y otros, solo a la menor.

A la república mayor podemos servirla incluso en el retiro. Y no sé si mejor en el retiro, investigando: ¿Qué cosa es la virtud? ¿Es una o múltiple? ¿Es la naturaleza o el arte la que hace a los hombres buenos? ¿Es un único cuerpo o son muchos los que

Dios ha esparcido en todo lo que contienen los mares y las tierras? ¿Toda la materia de la que se engendra toda cosa es continua o llena, o es discontinua y el vacío está mezclado con las partes sólidas? ¿Contempla Dios sentado su obra o la impulsa? ¿Está Dios extrínsecamente rodeado de la materia y la penetra en su totalidad? ¿Es el mundo inmortal o hay que contarlo entre las cosas caducas y nacidas para el tiempo? Quien esto contempla, ¿qué servicio presta a Dios? Que sus obras tan grandes no queden sin testigo. Solemos decir que el supremo bien consiste en vivir según la naturaleza: la naturaleza nos engendró para las dos cosas, para la contemplación del mundo y para la acción.

V. Demostremos ahora lo primero que dijimos. ¿Con qué fin? ¿No quedará demostrado, si cada cual se consulta a sí mismo, qué ansias tiene por conocer lo desconocido y qué es lo que le mueve a conocer relatos de cosas tanto verdaderas como falsas? Unos se hacen a la mar y sufren las penalidades de una travesía larguísima por la sola recompensa de conocer algo y oculto. Esto mismo es lo que arrastra a la gente hacia los espectáculos. Esto es lo que los empuja a escudriñar lo arcano, a investigar lo secreto, a revolver las cosas antiguas, a enterarse de los usos de los pueblos bárbaros. La naturaleza nos dotó de un ingenio curioso, sabedor de su arte y de su belleza. Nos engendró para ser espectadores de tantos y tan grandes espectáculos de cosas, pues perdería su fruto, si cosas tan grandes, tan claras, tan sutilmente guiadas, tan brillantes y no con una sola clase de belleza, se las mostrase únicamente un desierto.

Y para que sepas que la naturaleza quiso que fuesen contempladas, y no solo miradas, has de advertir en qué lugar nos colocó: nos puso en medio de ella, dándonos la perspectiva de todo lo que nos rodea. Y no solo hizo al hombre erecto, sino que también lo hizo para la contemplación y para que pudiese seguir el curso de los astros, desde su orto hasta el ocaso. Y para que su rostro girase a su alrededor, le colocó alta la cabeza y la puso sobre un cuello flexible. Después, creó seis signos durante el día y seis signos durante la noche, sin dejar parte alguna suya sin desplegar, a fin de que con el incentivo de estas cosas, que ofrecía a sus ojos, creciese el deseo de las otras. Pues, ni siquiera hemos llegado a ver todas las cosas que existen, ni tan grandes ni tan numerosas como son. Pero nuestra mirada se abre al camino con la investigación y echa los cimientos de la verdad, a fin de que la inquisición pase de lo manifiesto a lo oscuro, descubriendo así algo más antiguo que el mundo. ¿De dónde salieron estos astros? ¿Cuál fue el estado del universo antes de que cada una de sus partes se separase? ¿Qué causa dispersó los elementos sumergidos y confusos? ¿Quién asignó a cada cosa su lugar? ¿Acaso, las cosas pesadas descendieron por su propia naturaleza o se volatilizaron las más leves? ¿O además de la tendencia o el peso de los cuerpos, una fuerza más alta dictó la ley a cada uno? ¿Es cierto aquello de que la mejor prueba de que el hombre forma parte de un espíritu divino y que partículas y chispas de los astros se esparcieron por la tierra y se le adhirieron como a un cuerpo extraño?

Nuestro pensamiento derrumba las defensas del cielo y no se contenta con saber lo que está a la vista. Trato de escrutar, dice, lo que está más allá del mundo y se pregunta: ¿Es una profunda inmensidad o está encerrada también bajo sus límites? ¿Cuál es el estado de las cosas que están fuera del mundo? ¿Son informes y confusas o en todas sus dimensiones tienen igual volumen? ¿Tienen una forma determinada? ¿Están unidas a este mundo o muy alejadas de él y, por tanto, dan vueltas en el vacío? ¿Son átomos todos los elementos con que está construido todo lo que nació o nacerá? ¿O su materia es compacta y toda movible? ¿Son elementos contrarios entre sí o no luchan, sino que más bien se dirigen a un mismo fin por caminos diferentes?

Como has nacido para investigar todos estos problemas, detente a pensar cuán corto es el tiempo que tiene el hombre, incluso si se lo reserva todo entero para sí. Aunque ninguna parte de él le quite la felicidad, ni consienta por negligencia que se le vaya ni un instante; aunque administre su tiempo con suma avaricia y siga investigando hasta el fin de sus días y la fortuna le robe lo que la naturaleza le dio, con todo, el hombre es demasiado mortal para el conocimiento de las cosas inmortales. En consecuencia, yo vivo según la naturaleza, si me doy todo a ella, si soy su admirador y su adorador. Pero la naturaleza quiso que yo hiciera ambas cosas: obrar y entregarme a la contemplación. Y yo hago las dos cosas, pues no hay contemplación sin acción.

VI. «Me interesa saber, dices, si hemos de ir a la contemplación por puro placer, no pidiendo de ella nada más que una asidua contemplación, sin resultado: porque es agradable de por sí y tiene muchos alicientes.» A esto te respondo a mi vez: «Importa igualmente saber con qué espíritu te entregas a la vida civil; si es porque estás siempre inquieto, sin que nunca te tomes tiempo alguno para dirigir tus ojos de las cosas humanas a las divinas. Tampoco es digno de aprobación desear bienes de fortuna, sin amor alguno a las virtudes y sin cultivo del espíritu, así como hacer obras desnudas de toda virtud: porque estas cosas deben ir mezcladas y conjuntadas. Por eso, es un bien imperfecto y fluctuante lanzarse al ocio sin actividad, sin mostrar nunca aquello que aprendió. ¿Quién niega que la virtud debe intentar mostrar en las obras sus avances y no solo meditar lo que se ha de hacer, sino también ejercitar sus manos de vez en cuando, llevando a la práctica sus especulaciones? Entonces, ¿qué? Si la demora no es culpa del sabio, la falta no es del sabio, sino de la materia. ¿Por qué tendrías que permitirle estar consigo a solas? ¿Con qué espíritu se aparta el sabio a la soledad? Para saber que también allí habrá de practicar aquellos actos que serán de provecho a la posteridad. Somos nosotros los que afirmamos que Zenón y Crisipo realizaron cosas más grandes que si hubieran dirigido ejércitos, tenido cargos honoríficos o promulgado leyes. Pues, ciertamente, las promulgaron, pero no para una sola ciudad, sino para todo el género humano.

¿Por qué, pues, no conviene al hombre bueno semejante ocio, por el que ordenará los siglos venideros y hablará no ante unos pocos, sino ante toda clase de gentes, las que son y las que vendrán? En resumen, Cleantes, Crisipo y Zenón, ¿vivieron según sus enseñanzas? No dudo que responderás que vivieron como enseñaron que se debía vivir. Ahora bien, ninguno de ellos administró la república. «Ninguno de ellos dices, tuvo fortuna, ni cargos honoríficos que suelen tener los que son admitidos a la gerencia de las cosas públicas.» Pero no por eso llevaron una vida inactiva: encontraron la manera por la que su ocio fue más útil a los hombres que el apresuramiento y el sudor de los otros. Y, sin embargo, dejaron la impresión de que habían trabajado mucho a pesar de no haber trabajado nada en los asuntos públicos.

VII. Hay, además, tres clases de vida, entre las que suele preguntarse cuál es la mejor: la una se entrega al placer, la otra a la contemplación y la tercera a la acción. Veamos, en primer lugar, si todas estas doctrinas, dejando a un lado toda discusión y el odio implacable que declaramos a los que siguen caminos distintos, no tienden al mismo fin, bajo distintos nombres. Ni el que gusta del placer carece de toda contemplación, ni el que se entrega a la contemplación está privado del placer, ni tampoco el que dirigió la vida a su actividad está falto de contemplación. «Va mucha diferencia, me dices, en que una cosa nazca de nuestra voluntad o sea un añadido al propósito de otro.» Grande es la diferencia, sin duda, pero una cosa no va sin la otra ni el uno contempla sin acción, ni el otro actúa sin contemplación. Ni tampoco el tercero, a quien convinimos no juzgarle mal, acepta un deleite inerte, sino el que la razón le muestra ser consistente para él «de modo que es también activa esa secta de los voluptuosos». Ciertamente es activa, pues el mismo Epicuro dice que él se alejaría del placer y que hasta apetecería el dolor, cuando el deleite está amenazado de arrepentimiento o cuando se ha de tomar un dolor menor por otro más grave. «¿Adónde va todo esto?» A demostrar que la contemplación gusta a todos. Unos se dirigen a ella por sí misma: para nosotros es una parada, no un puerto.

VIII. Añadamos aquí esto que, según el principio de Crisipo, es lícito vivir en el ocio. Y no digo que haya de resignarse a él, sino que se ha de elegir. Dicen los nuestros que el sabio no ha de acceder a ningún asunto público. ¿Qué importa la manera con que el sabio accede al retiro? ¿Es acaso porque le falta la república o porque él falta a la república? Si a todos ha de faltar la república, y siempre faltará a los que la buscan a disgusto, mi pregunta es: ¿A qué república accederá el sabio? ¿A la de los atenienses, en la que Sócrates fue condenado y de la que Aristóteles huyó para no serlo? ¿Aquella en la que la envidia oprime a la virtud? Me negarás que a esta república no debe acercarse el sabio. ¿Se acercará, entonces, el sabio a la república de Cartago, en la que domina la sedición constante y la libertad se vuelve contra los mejores, en la que la justicia y el bien llegan al sumo envilecimiento, es inhumana la crueldad hacia los enemigos y ella misma hostil hacia los suyos? Sí, también huirá de esta. Si tratare de recorrerlas una tras otra, no encontraré ninguna que pueda soportar al sabio o que el sabio pueda soportar.

Y si no se encuentra esa república que soñamos, empieza ya a sernos necesario el retiro, porque no existe lugar alguno que sea preferible al ocio. Si alguien dice que no hay nada como navegar y luego se da cuenta de que no se puede navegar en aquel mar, donde suele haber naufragios y en el que aparecen tempestades repentinas, que arrebatan al capitán, he de pensar que este me aconseja no soltar amarras, aunque alabe la navegación.

De la serenidad del alma[18]

A Anneo Sereno

I. Al examinar mi alma, Sereno, aparecían ciertos vicios tan al vivo que podía cogerlos con la mano. Había otros más oscuros y como en los rincones del alma. Y otros volvían, no de forma continua, sino intermitentemente. De estos diría que son molestísimos, como enemigos trashumantes, que asaltan en

18. Dedicado también a Anneo Sereno, es difícil, como en casi todos los escritos de Séneca, dar la fecha exacta de este diálogo. Podemos situarla entre los años 47 y 63 d. C. (para unos, en torno al 64 d. C.; otros la retrasan al 51-63 d. C.).

El tratado se abre (I) con la exposición que hace Sereno de los problemas que le afectan y le perturban. Séneca le responde, proponiéndole los remedios para conseguir la ansiada serenidad, no sin antes definir lo que es la *Eudomía* o *serenidad del alma* (II-XVII). Los remedios son varios: cómo conocer bien el ocio, entregarse a la acción, intentar ser útil a los demás, refugiarse en el estudio, etc.

ocasiones, sin dar lugar a estar prevenidos como en tiempo de guerra, ni tan descuidados como en tiempo de paz. Tal es mi situación. ¿Por qué no decirte la verdad a ti como a médico, pues ni me veo libre de estas culpas que temía y aborrecía ni de todo punto rendido a ellas? Es tal mi disposición que, si no es la peor, es, por lo menos lamentable y enojosa. Ni estoy enfermo ni tengo salud. Y no quiero que me digas que los inicios de todas las virtudes son tiernos y que con el tiempo arraigan y cobran fuerza. Pues no ignoro que, incluso en las cosas en que se busca la estima, como los honores o la fama de la elocuencia y las demás cosas que penden del criterio ajeno, se fortifican con el tiempo. De la misma manera, las otras cosas que proporcionan auténtica fuerza o que se dejan engañar con algún disfraz, esperan años, hasta que el tiempo poco a poco les va dando color. Me temo, sin embargo, que la costumbre, que da firmeza a las cosas, grabe en mí este vicio más hondamente.

Esta larga cohabitación, así de bienes como de males, engendra amor. Cuál sea esta enfermedad del alma, perpleja entre ambos extremos y, que no se entrega inflexiblemente ni a lo bueno ni a lo malo, no te la podré exponer tan bien de una vez como dividiéndola en partes. Te diré lo que a mí me sucede; tú encontrarás un nombre para esta enfermedad. Confieso que estoy poseído de un gran amor a la templanza. Me gusta la cama adornada sin ambición. No me agrada la toga sacada del arca y prensada con mil pesas o tormentos que la obligan a que brille. Prefiero la casera y más común, que se ha de guardar y poner sin mayor cuidado. Me gusta la comida que no esté servida por infinidad de criados, ni provoca la admiración de los invitados. No me gusta la comida preparada con muchos días de antelación, ni la que pasó por muchas manos, sino la ordinaria y fácil de hallar, que no es nada exquisita, que no falta en parte alguna, ni sea gravosa al patrimonio ni al cuerpo, ni que tenga que volver a salir por donde había entrado. Me agrada el escanciador poco culto y el esclavo rudo y la plata pesada de mi rústico padre, todavía sin labrar y sin el nombre del artífice. Me siento también contento con una mesa que no llama la atención por la variedad de colores, ni es conocida de la ciudad por diferentes sucesiones de dueños elegantes. Me conformo con aquella que sea suficiente para el uso diario, en la que no fijen sus ojos los invitados ni les encienda con la envidia.

Y, si bien me agradan estas cosas, mi espíritu queda deslumbrado ante el lujo de algunas casas, con una legión de esclavos, más relumbrantes con el oro de sus libreas, que en una pública procesión. Me desconcierta asimismo entrar en una casa por donde se avanza sobre alfombras preciosas, llena de riquezas por todos los rincones, con artesonados refulgentes y donde se agolpan seguidores y amigos, cortejo ordinario de los patrimonios que se hunden. ¿Y qué diré de la fuentes que, transparentes hasta el fondo, rodean las salas de los festines? ¿Y qué de los banquetes dignos del escenario donde se preparan? Lo que digo es que a mí, que venía de las remotas tierras de la frugalidad, me rodeó por todas partes con gran resplandor el lujo desmesurado. Por un momento se turba mi vista. Pero mi ánimo resiste más fácilmente que mi vista. Me retiré no peor, pero sí más triste, pues me hallé desconcertado entre mis pobres cosas, sintiendo un sordo remordimiento que me hizo dudar de si todo aquello era mejor.

Ninguna de esas cosas me cambia, pero no deja de perturbarme. Me gusta seguir la fuerza de los preceptos de los maestros y meterme en los problemas del pueblo. Me halagan los honores y los fastos, no por la púrpura y las varas, sino porque me hacen más dispuesto y útil a los amigos y familiares y los ciudadanos todos y, en último término, a toda la humanidad. Puesto más cerca, sigo a Zenón, Cleantes y Crisipo, ninguno de los cuales intervino en los asuntos públicos, a los que ninguno de ellos dejó de encaminar a sus discípulos. Cuando algo hiere mi alma no acostumbrada a los embates; cuando algo indigno ocurre, como abunda en la vida humana, o de no fácil solución; o cuando las cosas a las que no se debe poca estimación, me piden mucho tiempo, luego me vuelvo al ocio. Y como sucede al ganado fatigado, que camina más ligero cuando vuelve a casa, así a mi espíritu place más encerrar su vida entre las paredes de mi casa. Que nadie, por tanto, me robe un solo día, pues nadie me puede devolver algo digno de tamaño dispendio. Que el alma entre en sí misma, gócese en su propia posesión, no se implique en negocios ajenos, ni en nada que la someta a juicio de otro. Y libre de preocupaciones, públicas y privadas, viva feliz en su propia tranquilidad. Sucede, no obstante, que cuando una lectura más fuerte levanta el espíritu y los nobles ejemplos le ponen espuelas, apetece acudir al foro y prestar, a uno la elocuencia, a otro los servicios que, si bien no llegan a ser de provecho, al menos intentan serlo, y de esta manera, refrenar en el foro la soberbia de quien sin razón se engríe de verse próspero.

En los estudios creo más acertado poner los ojos en la sustancia de las cosas; que el lenguaje se ciña a ellas, proporcionándole las palabras adecuadas, de manera que, por donde ellas nos guíen, siga la oración con naturalidad. ¿Qué necesidad hay de adornar lo que ha de durar siglos? ¿Quieres hacer esto para que los venideros no te pasen en silencio? Naciste para la muerte y un entierro silencioso tiene menos molestias. Escribe para tu uso particular alguna pequeña obra, en estilo sencillo; y que sea para ocupar el tiempo, no por pura ostentación: será de menos trabajo hasta para los que estudian las cosas que suceden cada día. Cuando el espíritu se levanta de nuevo con la grandeza de algún pensamiento, pronto se vuelve altivo en sus palabras, porque en su aspiración a cosas más altas, más altivo se torna en su hablar. Y olvidado entonces de la ley del juicio exacto, me elevo más alto y hablo con labios ajenos.

Y para no discurrir más sobre cada cosa, afirmo que en todo me sigue esta enfermedad de tener la mente sana. Y poco a poco temo caer en ella, o lo que más me preocupa es estar siempre colgado, como en actitud del que va a caer, siendo esta indisposición mayor quizá, que la solicitud que tengo de curarla. Porque siempre miramos con buenos ojos las cosas que se refieren a nosotros, siendo este favor perjudicial al juicio. Pienso que muchos habrían podido llegar a la sabiduría si no estuvieran convencidos de que ya la habían conseguido. Y si no hubieran disimulado en sí mismos ciertos defectos o no hubieran pasado por alto otros, bien abiertos los ojos. No has de pensar que la adulación ajena sea más perjudicial que la nuestra. ¿Quién es el que tiene el valor de decirse la verdad a sí mismo? ¿Quién el que metido en la multitud de halagadores y lisonjeros no se atribuyó a sí mismo mayores méritos de los que le tributaban a él? Suplícote, pues, que si tienes algún remedio para esta afección mía, me juzgues digno de que te deba la tranquilidad. Sé bien que estos movimientos de mi alma no son peligrosos ni me inquietan gran cosa. Te declararé con una comparación verdadera aquello de que me quejo. No me fatiga la tempestad, sino el mareo. Líbrame pues de cualquier mala disposición que haya en mí y ven en auxilio del náufrago que se afana ya por llegar a tierra.

II. Créeme, Sereno: hace ya tiempo que ando buscando en silencio una comparación más adecuada para explicar este estado de espíritu en que vivo. Y no encuentro un ejemplo que más se le acerque, que el de quienes han salido de una grave y larga dolencia, y siguen sintiendo todavía ligeros y momentáneos dolores. E incluso, después de haberse visto libres de ligeras secuelas de la enfermedad, se ven turbados por aprehensiones, y ya curados del todo dan el pulso al médico, sospechando que su cuerpo sufre de calentura. El cuerpo de estos, Sereno, no está enfermo sino poco acostumbrado a la salud. Les sucede lo que al mar y a los lagos, que aun después de cesar las tormentas y quedar tranquilos y en calma tienen cierta conmoción. No le son necesarios aquellos remedios drásticos a que fuimos sometidos, tales como: hacerte violencia a ti mismo unas veces, enfadarte contigo otras y otras espolearte con energía. Basta con que te apliques el último remedio, como es la confianza en ti mismo y te persuadas de que vas caminando derecho sin dejarte llevar por las huellas transversales de muchos que van de un lado a otro, algunos de ellos a la orilla misma del buen camino.

Lo que tú deseas es una cosa grande, excelsa y cercana a Dios, no alterarte. A esta estabilidad del alma la llaman los griegos *Eudomía*, sobre la que Demetrio escribió un libro excelente. Yo la llamo *tranquilidad*, pues no es necesario imitarlos, ni traducir las palabras a su estilo. De lo que se trata es de significar con algún nombre, que tenga la fuerza de la denominación griega, aunque no tenga la misma cara. Lo que ahora buscamos es cómo podrá caminar siempre el alma a paso igual y próspero; cómo estará siempre en paz consigo y cómo mirará sus cosas con alegría ininterrumpida, manteniéndose en un estado de placidez, sin desvanecerse ni abatirse. Esto será la tranquilidad. Busquemos, pues, en general el camino por donde llegar a ella: toma tú cuanto quieras de este remedio público. Mientras tanto, hay que exponer todo vicio, a fin de que cada uno reconozca lo que a él le toca. Al mismo tiempo, entenderás que el problema de ese hastío de ti mismo es mucho menor que el de aquellos que, atados a una profesión brillante y trabajando bajo el peso de magníficos títulos, persisten en su simulación más por vergüenza que por propia voluntad.

Todos están en el mismo camino, tanto los que padecen de ligereza de carácter, del tedio o de una constante mudanza de propósitos, a los que siempre agrada más lo que dijeron, como los que se embrutecen en el marasmo de sus bostezos. Añade a estos, los que a semejanza de los que tienen un sueño difícil, andan mudándose de un lado a otro, hasta que el cansancio les devuelve el sosiego. De este modo, crean un estado de vida que les conduce, a la postre, no al que le sorprendió en el odio al cambio, sino a la vejez, incapaz ya de nuevas empresas. Añade, además, a los que son poco propicios a todo cambio, no por constancia en el vicio, sino por inercia. Y viven no como desean, sino como comenzaron. Innumerables son los aspectos del vicio y una sola es su consecuencia: estar descontento de sí mismo. Y esto surge de la destemplanza del ánimo y de la cobardía o del poco éxito de sus deseos, pues no se atreven a tanto como apetecen o no lo consiguen si se frustran sus esperanzas, siempre inestables y tornadizas: algo que sucede necesariamente a los que están pendientes de sus deseos. Pasan su vida fluctuando, aprenden y se entregan a cosas poco honestas y difíciles, y cuando su trabajo queda sin premio, les atormenta la deshonra inútil, doliéndose, no de haber deseado el mal, sino de haberlo querido en vano. Entonces se apodera de ellos el dolor que les causa el haber comenzado y el temor de volver a empezar, con una inquietud del alma, que en nada encuentra salida, porque no pueden dominar sus deseos, ni saben obedecerlos.

Surge, entonces, una vida irresoluta y una torpeza de espíritu incapaz de tomar una resolución.

Todos estos males se agravan, cuando aburridos de su trabajosa infelicidad, se refugian en el ocio o en los estudios solitarios, que no puede aguantar un espíritu dedicado a los negocios civiles, que se afana por trabajar y que inquieto por naturaleza, encuentra en sí poco solaz. Y así, cuando se ve privado del consuelo y deleites, que le daban las ocupaciones, no puede sufrir su casa, su soledad y el estar entre cuatro paredes, contrariado de haberse quedado solo. De aquí le viene el fastidio, la displicencia hacia su persona sin que su espíritu halle reposo en parte alguna y sin que pueda soportar su triste y amarga ociosidad. Le duele, sí, confesar las causas de sus males y ambiciones, que encerradas en un sitio tan estrecho y sin salida quedan ahogadas en sí mismas. De ahí también nace la tristeza que los marchita con las mil fluctuaciones de un alma indecisa, a quien mantienen suspensa las esperanzas concebidas y dejan perpleja sus fracasos. De ahí asimismo la pasión de los que detestan su ocio y se quejan de que no tienen nada que hacer. Y la envidia tan enemiga del medro ajeno. Porque la desdichada inercia alimenta la lividez envidiosa y quiere la ruina total, porque ellos no pudieron sacar provecho. Y, finalmente, de esta aversión al enriquecimiento ajeno y de la desesperación por la propia ruina nacen la irritación del alma contra la fortuna y sus quejas contra sus tiempos, así como su retirada a los rincones y su hundimiento en sus propias penas, mientras siente hastío y asco de sí misma.

Por naturaleza, el espíritu del hombre es activo e inclinado al movimiento. Le agrada toda oportunidad de excitarse y distraerse, sobre todo a los espíritus más depravados que voluntariamente quedan atrapados en sus ocupaciones. Les sucede lo mismo que a algunas heridas que apetecen las manos que las irritan. O como a la fea sarna del cuerpo que se complace en aquello mismo que la exaspera. No otra cosa diría a esas almas de las que, a manera de úlceras, se apoderaron las pasiones, el trabajo y la agitación: se deleitan con el trabajo y la agitación. Porque hay ciertas cosas que con un cierto dolor gustan a nuestros cuerpos. Tal es el tenderse en el lecho y cambiar el costado, no cansado todavía y aliviarse con el cambio de postura. Así lo hacía aquel Aquiles de Homero, que ponía remedio a sus dolores con los cambios: ya puesto boca abajo, ya boca arriba, o adoptando varias posturas, pues es propio del enfermo no durar mucho en una sola. De ahí esa tendencia a emprender raras peregrinaciones, a navegar hacia mares remotos; y por mar o por tierra se hace experiencia de la enemiga movilidad.

«Dirijámonos ahora a la Campania.» Al instante nos cansan sus campos deliciosos. «Vayamos a lugares agrestes.» Atravesemos los montes de los Abruzos y Lucanos. Busquemos, sin embargo, algo ameno en medio de las tierras desiertas, en donde los ojos cansados se alivien de lo hirsuto del paisaje. «Vayamos hacia Tarento y a su puerto celebrado y a los sitios de invierno más suave o a las casas tan opulentas de aquella vieja ciudad.» «Volvamos ya hacia Roma.» Demasiado tiempo hace que nuestras ovejas no sienten el estruendo ni el aplauso, ya es hora de gozar del derramamiento de sangre humana. Pasemos ahora de un viaje a otro y cambiemos un espectáculo por otro. Como dice Lucrecio:

Hoc se quisque modo semper fugit.
Así cada uno anda huyendo de sí mismo.[19]

Pero, ¿de qué le aprovecha, si nunca acaba de huir? Va siguiéndose a sí mismo y le acompaña el más desagradable de los compañeros. Hemos de saber, por tanto, que el mal que sufrimos no nace de los lugares, sino de nosotros mismos; que somos débiles para soportarlo todo: incapaces de soportar mucho tiempo el trabajo, el placer, nuestras cosas o las ajenas. A muchos acarreó la muerte el estar cambiando a menudo de intentos, para volver siempre a las mismas cosas, sin dejar sitio a la novedad. La vida y el mundo mismo comenzó a causarles hastío y les salió de los labios la queja de los ahítos de placer: ¿Hasta cuándo las mismas cosas?

III. Me preguntas qué remedio pienso yo que has de usar para este hastío. «El mejor sería, según Atenodoro,[20] entregarte a los servicios de la comunidad

19. Lucrecio, III, 1081.
20. Unos ven en él a Atenodoro de Tarso, también conocido como Atenodoro Cordilion, quien estuvo al frente de la biblioteca de Pérgamo. Otros ven en él a Atenodoro de Tarso, también conocido como Atenodoro Cananita, discípulo de Posidonio, maestro y amigo de Augusto. Finalmente, otros lo identifican con Atenodoro de Sandón, discípulo y propagador de la doctrina de Panecio.

y a la administración de los asuntos civiles. Pues así como algunos hombres pasan el día curtiendo su cuerpo al sol y en ejercicios; y a los atletas les resulta utilísimo dedicar la mayor parte del tiempo a fortalecer sus músculos y su fuerza, cosa única a la que se dedicaron, así para vosotros que preparáis vuestro espíritu para el combate de los asuntos civiles, ¿no será muy bella cosa que os entreguéis a la misma tarea? Porque quien tiene el propósito de ser útil a sus conciudadanos y a todos los mortales, saca provecho al mismo tiempo que se ejercita, dedicado a su labor profesional, administrando según sus posibilidades, los intereses privados y comunes.» Pero, sigue diciendo Atenodoro, «como en esta tan loca ambición de los hombres son tantos los calumniadores que tuercen al peor sentido las acciones rectas, la sencillez está poco segura. Y, como siempre, es más lo que impide que lo que ayuda, conviene que nos apartemos del foro y de los cargos públicos, pues un espíritu grande siempre tiene donde ejercitarse en el retiro de su casa. Y como el ímpetu de los leones y de otras fieras no queda frenado por las rejas de sus cuevas, así tampoco dejan de ser grandes las acciones de los hombres grandes, sobre todo, cuando están retirados en la soledad. Pero se retira de tal manera que dondequiera que esconda su ocio querrá ser útil a todos y a cada uno con su talento, con su palabra, con su consejo».

«Porque no solo sirve a la comunidad quien hace públicas las candidaturas, defiende a los reos y delibera sobre la paz y la guerra, sino el que exhorta a la juventud; el que en tiempos en que hay falta de buenos maestros instruye con su virtud los ánimos; y el que detiene o desvía a los que se precipitan en las riquezas y en la lujuria, o por lo menos lo retarda. El que esto hace, en su vida privada cumple siempre una función pública. ¿Acaso sirve más y mejor a la república el pretor y el juez, que entre los ciudadanos y forasteros, o si es urbano, entre los conciudadanos, pronuncia la sentencia del asesor, que el que, retirado, enseña qué cosa es justicia, qué la fortaleza, el desprecio de la muerte, el conocimiento de los dioses y, finalmente, qué bien tan gratuito es tener una buena conciencia? Y si, por tanto, gastas en el estudio el tiempo que sustraes a los cargos públicos, no por eso los has defraudado, ni has faltado a tu deber. Porque, no solamente lucha el que está en campaña y defiende el ala derecha o la izquierda, sino también el que guarda las puertas y el que en un puesto menos peligroso cumple su misión y no está ocioso, haciendo de centinela y vigilando el depósito de armas. Estos cuidados, aunque sean incruentos, se computan como años de servicio. Si vuelves a los estudios, evitarás todo hastío de la vida; ni por aburrimiento del día estarás deseando que llegue la noche, no te cansarás de ti mismo, ni serás inútil a los otros: tendrás la amistad de muchos e irán en busca tuya los mejores. Pues la virtud, aunque esté en un sitio oscuro, nunca se oculta, sino que envía sus señales y quien fuere digno de ella la encontrará por sus huellas. Si cortamos toda convivencia y renunciamos al trato con los hombres y vivimos solamente vueltos hacia nosotros mismos, a esta retirada sobrevendrá carente de todo deseo, una falta absoluta de ocupaciones.»

«Entonces comenzaremos a levantar unos edificios y a derribar otros; a revolver el mar y a conducir sus aguas cuando las dificultades de los lugares, empleando mal el tiempo que la naturaleza nos dio para emplearlo bien, unos usamos de él con templanza y otros con prodigalidad. Unos lo gastamos de tal forma que podemos dar razón de él, otros sin que les queden huellas de él. Cosa sumamente vergonzosa es que el viejo cargado de años no tenga otro argumento para probar que vivió mucho, más que sus arrugas y sus canas.»

IV. Me parece, carísimo Sereno, que Atenodoro se rindió antes de tiempo a las circunstancias y se retiró demasiado pronto. No niego que hayamos de retirarnos algún día, pero ha de ser a paso lento y salvando siempre las banderas y el honor militar. Más estimados y más seguros están aquellos que se rinden al enemigo, manteniendo las armas. Lo mismo juzgo que conviene a la virtud y a quien la ama. Si prevaleciera la fortuna y tuviese la capacidad de actuar, no huya luego volviendo inerme las espaldas, buscando donde esconderse, como si hubiera un lugar libre de la persecución de la fortuna. En tal caso, entréguese con mayor denuedo a los servicios de la comunidad, eligiendo con prudencia alguna actividad en la que pueda ser útil a los ciudadanos. ¿Que no puede servir en el ejército? Aspire a los cargos civiles. ¿Que ha de pasar a la vida privada? Hágase orador. ¿Que le impone silencio? Ayude a los ciudadanos con servicios particulares. ¿Le resulta peligrosa la entrada en el foro? Muéstrese en las casas, espectáculos y banquetes como buen vecino, amigo fiel y sobrio invitado.

Y si no puede ejercer las funciones de ciudadano, que ejerza las de hombre. Por eso, nosotros no nos encerramos en las murallas de una ciudad, sino que salimos con ánimo decidido a comunicarnos con todo el mundo, teniendo por patria a todo el orbe para dar con esto más ancho campo a la virtud. ¿Se te cerró el tribunal, te quedó prohibida la tribuna pública o se te niega la palabra en los comicios? Mira hacia atrás y contempla cuán grande es la latitud de las provincias y pueblos: nunca se te cerrarán regiones tan extensas, que no te queden abiertas otras más dilatadas. Pero advierte que todo esto no sea culpa tuya, porque no quieres servir a la comunidad, sino como cónsul o prítano o cérice o súfeta.[21] ¿Es que no quieres militar, sino como general o tribuno? Si otros están en primera línea y la suerte te puso en la retaguardia, pelea desde allí con la voz, con la arenga, con el ejemplo y con el coraje. Quien está a pie quedo y con sus voces arenga en la guerra, halla la manera de servir a los suyos, incluso después de cortadas sus manos. Lo mismo has de hacer tú, si la fortuna te aleja de los primeros puestos de la república, si estás firme y la ayudas con tus voces. Y si te cierran la boca no desfallezcas, ayúdala con el silencio, que el trabajo de un buen ciudadano nunca es inútil: siempre produce fruto, cuando se le oye y

21. Títulos elevados en los cargos públicos en Atenas y Corinto, Eleucis y Cartago respectivamente.

cuando se le ve, con el gesto, con el talante, con su callada obstinación y hasta con su misma manera de andar. Pues así como ciertos productos salutíferos aprovechan con su olor, sin gustarlos ni tocarlos, de la misma manera, la virtud difunde aun desde lejos y escondida mil utilidades. Siempre es provechosa en cualquier situación que se encuentre; ora use de su entera y propia libertad, ora sean precarias sus intervenciones y se vea obligada a recoger velas; ora esté ociosa y muda o metida en una cárcel estrecha o ande libre en un lugar abierto.

Entonces, ¿qué? ¿Piensas que es de poco provecho el ejemplo del que goza una quietud virtuosa? Yo creo que lo mejor de todo es alternar el ocio con la actividad, siempre que una vida laboriosa se viere impedida por impedimentos circunstanciales o por la situación política de la comunidad. Nunca se cierran las cosas hasta el punto de que no sea posible alguna acción honesta. ¿Podrás, acaso, encontrar una ciudad más desdichada que la de Atenas cuando fue maltratada por treinta tiranos? Mataron a mil trescientos ciudadanos, elegidos entre los mejores, sin que esto pusiera fin a la crueldad, que se exacerbaba más a sí misma. En esta ciudad estaba el Areópago, tribunal justísimo y un senado y un pueblo que hacía de senado. Se reunía también allí en sesión diaria un tétrico conciliábulo de verdugos y un desdichado tribunal estrecho para tantos tiranos. ¿Podría, por ventura, tener alguna quietud aquella ciudad donde los tiranos eran tantos como los soldados de la guardia? Tampoco podía ofrecerse a sus habitantes esperanza alguna de libertad, ni se veía salida que pusiera remedio contra tantos infortunios. ¿De dónde, pues, habían de salir para reparo de tan miserable ciudad, tantos Hermodios?

Sócrates, sin embargo, estaba en la ciudad y consolaba a los llorosos senadores y exhortaba a los que desconfiaban de la salud de la república y echaba en cara a los ricos que temían perder las riquezas con el tardío arrepentimiento de su peligrosa avaricia y daba a los que le querían imitar un heroico ejemplo, caminando libre entre treinta déspotas y, no obstante, esta misma Atenas le dio muerte en la cárcel. Pues, la ciudad libre no toleró la libertad de quien había insultado impunemente al escuadrón de tiranos. Todo esto para que sepas que incluso en una república afligida, el varón sabio tiene oportunidad de manifestarse, y que, en otra floreciente y afortunada, reinan la petulancia, la envidia y mil otros vicios que paralizan. Por tanto, cualquiera que sea la situación de la república, y en cuanto nos lo permita la fortuna, desplegaremos o recogeremos velas: Sí, nos moveremos y nunca nos quedaremos atados por el miedo. Aquel será varón fuerte, que, amenazado por todas partes de peligro y oyendo de cerca el ruido de las armas y el estruendo de las cadenas, no quiebra ni esconde en ellas la virtud. No debe hacerlo, porque salvarse no es enterrarse. Con razón, según creo, decía Curio Dentato: «Prefiero morir a vivir muerto». El mayor de los males es salir del número de los vivos antes de morir. Pero habrá que hacerlo, si vives en un momento en que los negocios sean menos propicios para la comunidad. Entonces, entrégate más al ocio y a las letras, pero no de otra manera que quien se halla en una travesía peligrosa del mar: acógete inmediatamente al puerto. No esperes a que los negocios te despidan, despídelos antes tú mismo.

V. Pero, ante todo, debemos examinarnos a nosotros mismos; después, los negocios a emprender y, finalmente, las personas por las que o con las que hemos de trabajar. Y lo primero que debemos hacer es tantear nuestra capacidad, pues con harta frecuencia, nos parece que podemos más de lo que en realidad podemos. Uno, confiado en su elocuencia, se despeña; otro grava su patrimonio más de lo que puede sufrir; otro aplasta su cuerpo enfermizo con un trabajoso oficio. A otros la timidez les impide desempeñar cargos públicos, que requieren un talante decidido. En cambio, la terquedad de otros, les impide llevar las cosas de palacio. Otros no saben dominar su ira y cualquier contrariedad les enfurece. Estos no saben poner límite a su causticidad, ni pueden contener sus chocarrerías. A todos estos les será más conveniente el ocio que la ocupación. Una persona altanera e impaciente por naturaleza ha de evitar toda irritación que pueda dañar su libertad.

VI. Después de esto hemos de ponderar las cosas que emprendemos, cotejándolas con nuestras fuerzas. Porque han de ser estas siempre mayores en el trabajador que el trabajo a realizar, pues, por fuerza, han de oprimir al que las lleva, si son mayores que él. Además hay otros negocios que no tienen tanto de grandes como de fecundos, porque generan otros muchos, de los que surgen nuevas y múltiples ocupaciones de las que debemos huir. Tampoco debemos acercarnos allí de donde no se puede salir libremente. Hemos de poner las manos en aquellas obras que podemos llevar a cabo, o que esperamos poder acabar con certeza. Y se han de abandonar aquellas que, a medida que trabajas en ellas, adquieren mayor volumen y no acaban donde te propusiste.

VII. Se ha de hacer asimismo selección de los hombres, para ver si son dignos de que les confiemos una parte de nuestra vida, o si les alcanza algo de la pérdida de nuestro tiempo. Hay quien nos imputa nuestros favores como deudas. Dice Atenodoro: «Yo no iría a cenar a casa de quien no se juzgase deudor de tenerme por invitado». Creo que iría mucho menos a casa de aquellos que recompensan con una cena los favores de sus amigos, contando como dádivas los platos, como disculpando su destemplanza en honor de los invitados. Quita tú a los testigos y espectadores y no les gustará la cocina secreta.

Has de considerar, también, si tu carácter se adapta mejor a la gestión de los negocios o al estudio retirado o a la contemplación, para después inclinarte hacia donde más tienda tu espíritu. Sócrates sacó del foro a Eforo,[22] agarrándole de la mano, porque

22. Eforo de Cirene fue discípulo del gran maestro de oratoria y retórica Isócrates (436-338 a. C.), a su vez alumno de Pródico, Protágoras y Gorgias, y amigo de Sócrates.

le juzgó más apto para escribir historias y anales. Porque los talentos coaccionados responden mal y es inútil el trabajo cuando la naturaleza lo rechaza.

VIII. Nada tan grato al espíritu como la fiel y dulce amistad. ¡Qué bien tan grande el de los corazones cuando están dispuestos para que se deposite en ellos cualquier secreto con toda seguridad! Cuando los crees más seguros en su conciencia que en la tuya, cuyas palabras mitigan tus cuidados, cuyo parecer aclara tus dudas, cuya alegría disipa tu tristeza y, finalmente, cuya sola presencia te hace sentir feliz. En cuanto nos sea posible, a estos amigos los elegiremos por su falta de codicia, pues los vicios entran solapados y se transmiten hasta el prójimo, dañándole con su contagio. Por tanto, se ha de procurar, como en tiempos de peste, y no sentarnos cerca de los cuerpos infectos y tocados por la enfermedad, porque atraeremos los peligros y con solo respirar caeremos en la enfermedad. Pondremos también gran diligencia a la hora de elegir los talentos de los amigos, para no escoger a los contaminados. Inicio de enfermedad es mezclar los sanos con los enfermos. Tampoco te mando que no elijas más que al sabio, o que le hagas tu amigo. ¿Dónde hallar a quien tantos siglos ha que estamos buscando? Por el mejor has de tener al que no es muy malo. Pues aunque buscaras los buenos amigos entre los de Platón y Jenofonte, y entre aquella generación nacida de Sócrates, apenas si tendrías oportunidad de hacer otra mejor. O aunque tuvieras la suerte de pertenecer a la época de Catón, que a pesar de haber engendrado a muchos varones dignos, contemporáneos suyos, produjo también a otros muchos, peores que en cualquier otro siglo, maquinadores de grandes crímenes. Los dos bandos fueron necesarios para que Platón fuese conocido: los buenos para que lo aprobaran, y los malos, en quienes experimentase toda su virilidad. Pero ahora, con tanta carestía de hombres buenos, hágase la elección menos peligrosa. Evítense, sobre todo, hombres tristes, que se lamentan de todo, sin que haya cosa alguna de la que no hagan motivo de queja. Aunque te conste de su fidelidad y buen corazón, es enemigo, sin embargo, de la tranquilidad el compañero agriado y que se lamenta de todo.

IX. Pasemos ahora al patrimonio, causa de las mayores tribulaciones humanas. Porque, si lo comparamos con todas las demás cosas que nos acongojan, muertes, enfermedades, miedos, deseos, sufrimientos, dolores y trabajos con los demás daños que nuestro vil dinero nos acarrea, hallaremos que la hacienda es nuestro mayor gravamen. Debemos, en consecuencia, ponderar si no es más leve dolor no tenerla que perderla. Y entenderemos que la pobreza tiene tanta menos ocasión de tormentos, cuanto menores son sus perjuicios. Te engañas, si piensas que los ricos sufren con más ánimos sus pérdidas. El dolor de una herida es igual para los pigmeos que para los gigantes. Bión[23]

23. Bión de Borístenes (325-246 a. C.) fue un filósofo cínico de gran influencia en la literatura romana, sobre todo en Horacio.

dijo con elegancia: «no es menos molesto para los calvos y melenudos que les arranquen los cabellos». Esto has de entender: que ricos y pobres sufren un mismo tormento, pues estando unos y otros apegados a su dinero, no se les puede arrancar sin sentirlo. Ya dije que se tolera mejor y más fácilmente el no adquirir que el perder, y podrás ver que viven más contentos aquellos en quienes jamás puso sus ojos la fortuna, que aquellos a quienes abandonó.

Conoció esta verdad Diógenes, varón de gran espíritu, dispuesto a no poseer cosa que se le pudiera quitar. Llama como quieras a esto: pobreza, necesidad, miseria; pon a esa seguridad el nombre ignominioso que quieras. Juzgaré que este no es feliz, si me encuentras a alguien que nada pueda perder. O yo me engaño o es todo un reino vivir entre avaros, estafadores, ladrones, vendedores de esclavos ajenos, siendo yo el único a quien no puede causarse perjuicio. Si alguien pone en duda la felicidad de Diógenes, podrá dudar también del estado de los dioses inmortales o de si viven felices porque no tienen predios, ni huertos, ni quintas cultivadas por un colono extraño, ni grandes rentas que cobrar en el foro. ¿No te avergüenza tu desvanecimiento ante las riquezas? Vuelve ahora tu vista al mundo: verás a los dioses desnudos, que todo lo dan y que no tienen nada. ¿Juzgarás tú por pobre o semejante a los dioses al que se desnudó de todas sus riquezas? ¿Tienes por más feliz a Demetrio Pompeyano, que no tuvo vergüenza en acumular más riquezas que Pompeyo? Cada día se le hacía una relación de los criados que tenía, como al emperador de sus ejércitos, a él que tiempo atrás tuvo por toda riqueza dos sustitutos de esclavos y una celda más amplia. Al mismo Diógenes se le fugó un solo esclavo, llamado Manes, y al saber dónde estaba, no se preocupó de recuperarlo. «Me daría vergüenza, dijo, que Manes pudiese vivir sin Diógenes y que Diógenes no pudiera vivir sin Manes.» Parece haberme dicho: «Sigue con tu negocio, fortuna. Nada de lo que hay en Diógenes es ya tuyo». ¿Fugose mi esclavo? Mejor, quedó libre. La familia de los esclavos me pide vestido y comida: hay que llenar los estómagos de voraces animales, comprarles vestido y vigilar sus manos rapacísimas y hay que servirnos de quien siempre vive con llantos y quejas.

¿Cuánto más dichoso es aquel que a nadie debe cosa alguna, sino a quien con facilidad puede negar la deuda, es decir, a sí mismo? Pero ya que no nos hallamos con fuerzas suficientes, conviene por lo menos aminorar nuestros patrimonios para estar menos expuestos a los golpes de la fortuna. Los cuerpos pequeños, que con facilidad se pueden adaptar a sus armas, están más seguros que aquellos otros a quienes su mayor corpulencia les hace blanco de las flechas por todos los costados. La mejor regla del dinero es aquella que ni llega a la pobreza, ni se aleja mucho de ella.

X. Nos agradaría esta medida, si antes nos agrada la templanza, sin la que no hay riquezas que basten. Ni ningún otro recurso es suficiente, sobre todo, que el remedio está en nuestra mano, pudiendo convertir nuestra pobreza en riqueza, con solo admitir la templanza. Acostumbrémonos a alejar de nosotros el lujo y a medir las cosas por la utilidad que nos producen, no por su suntuosidad, que la comida sacie el hambre, la bebida la sed y el placer discurra según los cauces de la naturaleza. Aprendamos a apoyarnos en nuestros propios medios; a no acomodar nuestra comida y nuestro vestido a los nuevos usos, sino a ajustarlos a las costumbres de nuestros mayores. Aprendamos a refrenar la lujuria, a templar la gula, a apaciguar la ira, a mirar con buenos ojos la pobreza y a practicar la frugalidad. Y aunque nos dé vergüenza dar a nuestros deseos remedios poco costosos, aprendamos a tener a raya nuestras expectativas desenfrenadas y nuestro ánimo proyectado hacia el futuro, sujeto como con cadenas, de modo que alcancemos las riquezas por nosotros mismos más que por la suerte.

Digo, pues, que tanta variedad e iniquidad de sucesos no puede ser repelida sin que no caigan grandes borrascas sobre los que se lanzaron a la mar a velas desplegadas. Conviene, por consiguiente, estrechar el frente de batalla para que las flechas den en el vacío. De todo lo cual resulta que muchas veces los exilios y las calamidades se convierten en remedios y que con leves incomodidades se curan otras más grandes. Porque el alma que no respeta los preceptos ni siquiera puede curarse con blanduras. ¿Y no será para bien suyo que se le prescriba la pobreza, la ignominia y la pérdida de todos sus bienes, oponiendo un mal a otro mal? Acostumbrémonos, por tanto, a cenar sin invitados y a servirnos de menos criados; y a que los vestidos sirvan para el fin que fueron inventados y a vivir en casas más estrechas. Y no solo hemos de replegarnos en las carreras y en las luchas del coso, sino también interiormente en los estadios de la vida. Incluso los mismos gastos por los estudios, tan nobles como son, serán razonables mientras sean moderados. ¿De qué sirven innumerables libros y bibliotecas, cuyo dueño apenas leyó en toda su vida los índices? Su cantidad abruma al estudiante, no le instruye; más te valdrá dedicarte a pocos autores que andar vagando de uno a otro. Cuarenta mil libros ardieron en la biblioteca de Alejandría, hermosísimo monumento de la opulencia real: alguno habrá que lo alabe, como lo hizo Tito Livio, que la llamó obra egregia de la elegancia y cuidado de los reyes.

Pero aquello no fue elegancia ni diligencia, sino una estudiada demasía, o por decir mejor no fue estudiada, porque no los reunieron para el estudio sino para solo la vista. Tal como sucede a muchos ignorantes, incluso de las primeras letras, a quienes los libros no les son instrumentos para el estudio, sino decoración de los comedores, téngase, pues, la suficiente cantidad de libros, pero ninguna para ostentación. «Más honesto, me dirás, es el gasto en libros, que el que se destina a comprar vasos de corinto o tablas pintadas.» Advierte que siempre es vicioso lo que es excesivo. ¿Es que hay razón para perdonar a quien se procura armarios de cedro y de marfil y se busca la sombra de autores desconocidos o reprobables, y que se aburre entre tantos miles de libros complaciéndose sobre todo en sus encuadernaciones o títulos? En casa de los más desidiosos encontrarás todas las obras escritas de oratoria e historia, los anaqueles llenos hasta el techo. En los mismos baños incluso y en las termas hay también una biblioteca como ornamento necesario de una casa. Yo perdonaría todo esto si naciera de una excesiva pasión por los estudios. Pero, estas obras exquisitas de ingenios sagrados, entalladas con sus retratos, se buscan para adorno y gala de las paredes.

XI. Pero, quizá, entraste en un género de vida difícil, y sin darte cuenta, bien la fortuna pública bien la privada, te puso un lazo que no puedas ni desatar ni romper. Piensa que, al principio, los presos llevan mal las cadenas y cepos de los pies, pero después que se determinan a llevarlos, sin indignarse con ellos, la misma necesidad les enseña a soportarlos con fortaleza y la costumbre con facilidad. En cualquier estado de vida hallarás deleites, compensaciones y gustos, si no estás dispuesto a no dar por nada la que tienes ni a hacerla aborrecible. Con ninguna cosa nos obligó más la naturaleza, pues sabía que habíamos nacido para tantas miserias, como con haber hallado en la costumbre el modo de hacer familiares las cosas más pesadas. Nadie perseveraría si la intensidad de las adversidades tuviera la misma fuerza que tuvo en los primeros golpes.

Todos estamos atados a la fortuna, pero la cadena de unos es de oro y floja, la de otros, estrecha y vil. Pero esto, ¿qué importa? Una misma es la cárcel en que estamos todos, pues también están presos en ella los mismos que te pusieron en prisión, a no ser que juzgues que es más ligera la cadena en la mano izquierda. A unos encadenan los honores, a otros las riquezas, a otros la nobleza. A unos oprime su humilde linaje y otros tienen sobre la cabeza extraños imperios y otros los suyos propios. A unos detiene en un lugar el destierro, a otros el ejercicio del sacerdocio. Toda la vida es servicio. Cada uno, pues, se ha de acostumbrar a vivir según su condición, sin quejarse de ello lo más mínimo y aprovechando todas las ventajas que nos ofrece. Nada hay tan amargo como que en un alma sensata no encuentre alivio. Muchas veces el arte del buen arquitecto dispone de pequeños espacios para usos variados y la buena distribución hace habitable el sitio, aunque sea angosto, aplica la razón a las dificultades. Así las cosas duras pueden ablandarse y ensancharse las estrechas. Y sábete que las pesadas oprimen menos a quien las sabe sobrellevar. Además de esto no se han de extender los deseos a cosas lejanas; y puesto que no las podemos encerrar, permitámosles solamente las cosas que están cerca. Dando de lado las cosas que no se pueden hacer o no se pueden alcanzar sin dificultad, sigamos lo que está cerca y alienta nuestra esperanza.

Pero sepamos que todas las cosas son igualmente caducas, y aunque en el exterior tienen diferentes apariencias, en su interior son igualmente vacuas. No tengamos envidia a los que ocupan altos puestos, porque lo que nos parece altura es despeñadero. En cambio, aquellos a quienes la mala suerte puso en una situación resbaladiza vivirán más tranquilos, quitando importancia a las cosas de suyo altas, poniendo su fortuna, en cuanto les fuere posible, en

cosas más bajas. Son muchos los que se ven obligados a asirse necesariamente a la altura en que están
situados, de la que no pueden bajar, si no es cayendo.
Pero, por esto mismo, han de confesar que su carga
más onerosa es la de ser más pesados a otros; y han
de confesar también que no están encumbrados, sino
amarrados. Con justicia, con mansedumbre, con humanidad y larga y benigna mano, hagan sus preven-
ciones para su cambio de fortuna, con cuya esperanza las hagan frente con mayor seguridad. Nada, sin
embargo, librará a estos tanto contra estas fluctuaciones del espíritu como poner algún límite a nuestros deseos de crecer y no dejar al albur de la fortuna
el dejar de dar, exhortándose ellos mismos a detenerse mucho antes de llegar a los extremos. De esta
manera, aunque algunos deseos acucien el ánimo, no
conducirán a lo incierto y sin límites.

XII. Esta mi doctrina se dirige a los imperfectos, a los
mediocres y a los malsanos, pero no al sabio. Este no
ha de caminar con timidez, ni como a tientas, porque
tiene tanta confianza que no duda en salir al encuentro de la fortuna, ni se aparta jamás para cederle el
paso. Pero tampoco tiene razones para temerla: porque no solo tiene esclavos, heredades, dignidades,
sino también su mismo cuerpo, sus ojos y sus manos y
todo cuanto hace al hombre más amable la vida. Se
cuenta incluso a sí mismo entre los bienes precarios y
vive como prestado a sí mismo, dispuesto a devolver-
lo todo sin tristeza cuando se lo reclamen. Tampoco
se desestima en nada, pues sabe que nada es suyo,

pero hará todas las cosas con tanta diligencia y circunspección como un hombre religioso y santo suele guardar las cosas que fueron confiadas a su fidelidad. Y cada vez que se le mandare restituir, lo hará sin quejarse de la suerte, antes dirá: «Te doy gracias por el tiempo que lo poseí. Cierto que cuidé tus bienes como gran favor por tu parte, pero ahora me los pides y yo los cedo agradecido y voluntariamente. Si quieres que me quede con algo, también lo conservaré. Pero, si te agrada otra cosa, te restituyo la plata, la casa, mi familia. Todo es tuyo». Si me llamare la naturaleza, la primera que me prestó a mí, le diré también: recibe mi alma, mejor que la que me diste, no vuelvo la espalda ni me escondo; dispuesto estoy a entregarte libremente lo que me diste cuando tenía sentido: llévatelo. ¿Acaso es molesto volver allá de donde viniste?

Mal vivirá quien no sepa vivir bien. La primera a la que se ha de rebajar su valor es la vida, contándola entre las cosas desdeñables. «Son mal vistos, dice Cicerón, aquellos gladiadores que al precio que sea quieren salvar la vida y, al contrario, los aplaudimos, si prefieren su desprecio.» Lo mismo nos sucede a nosotros, entiéndelo, porque muchas veces el miedo de la muerte causa la muerte.

La fortuna que juega en estas cosas, dice: «¿Para qué te he de reservar animal vil y cobarde? Tanto más herido y maltratado serás, porque no sabes ofrecer el cuello. Y, al contrario, tú que no has hurtado tu cerviz ni esperas el cuchillo con las manos cruzadas servirás más tiempo y morirás con más libertad». El que teme la muerte no hará nunca algo digno de un varón vivo. Pero, quien sabe que en el momento mismo de su concepción firmó su muerte, vivirá conforme a lo estipulado y, juntamente la fuerza de espíritu hará que ninguna cosa de las que depara la vida, le sea arrebatada. Porque si da por seguro e ineludible todo lo que puede sobrevenir, mitigará los golpes de los males, ya que estos nunca traen nada nuevo a los que los esperan prevenidos. Y solamente son graves y pesados para los que viven descuidados esperando tan solo las cosas felices. Porque la enfermedad, la cautividad, la ruina y el fuego no me son cosas repentinas, sabiendo yo como sabía en qué alborotada hospedería me había puesto la fortuna.

Tantas veces he visto llorar la muerte de mis vecinos; tantas vi pasar por mi puerta entierros prematuros con cirios; tantas oí el estruendo de soberbios edificios que cayeron. Tantas personas a las que el foro, la curia o la amistosa conversación unieron conmigo. Se los llevó una noche, separando las manos unidas en amistad. ¿He de maravillarme que se acerquen a mí los peligros que siempre me rondaron? Gran parte de los hombres no piensa en la tempestad cuando se hacen a la mar. Yo no me avergonzaré de citar una sentencia buena, porque sea de un autor malo. Publilio, más vehemente que los mismos ingenios trágicos y cómicos, siempre que dejaba las chocarrerías mímicas y los chistes fáciles, dirigidos a los espectadores de las primeras filas del teatro, entre otras sentencias más fuertes, no solo que el cipario, sino que el mismo coturno,[24] dijo esta:

24. *Cipario*: telón o cortina individual donde se ocultaban los mimos cuando no actuaban en la escena. También telones

Cuivis potest accidere, quod cuiquam potest.
A cada cual puede suceder, lo que puede
[suceder a alguno.

Quien depositare en su corazón esta sentencia y atendiere a los males ajenos, de los que cada día hay tanta abundancia, y advirtiera que puede llegarle a él, este tal se armará antes de ser acometido. Muy tarde se arma el alma de paciencia frente a los peligros, después que han sobrevenido. «No pensé —dirás— que esto iba a sucederme.» «Nunca hubiera creído que esto pudiera venirme.» ¿Y por qué no? ¿Qué riquezas hay a las que no siga la pobreza, el hambre y la mendicidad? ¿Qué dignidad hay cuya pretexta, cuyo bastón augural y cuyo calzado patricio no vayan acompañados de bajezas, exilios, descréditos y de mil notas infamantes, hasta terminar en el desprecio total? ¿Qué reino hay al que no le sobrevenga la ruina y la degradación, el tirano y el verdugo? Y estas situaciones no están separadas por grandes intervalos. Pues solo, en el breve espacio de una hora, se pasa del trono a la postración ante rodillas ajenas.

Persuádete, pues, de que todo estado es mudable y que lo que sobrevino a otros puede caer encima de ti. ¿Eres rico? ¿Acaso más que Pompeyo, a quien, cuando Cayo, su antiguo pariente y nuevo hospedador abrió la casa de César para cerrar la suya, le faltó pan y agua? Y el que poseía tantos ríos, que nacían y

---

naturales, similares al *aulaeum* que cubría la escena entera. *Coturno*: calzado que usaban los actores en las tragedias.

morían en su imperio, tuvo que mendigar agua de lluvia, muriendo de hambre y de sed dentro del palacio de su deudo, mientras que el heredero preparaba entierro público al que moría de hambre. ¿Llegaste a los más altos honores? ¿Son, acaso, tantos, tan grandes y tan generales como los que tuvo Sejano?[25] Pues advierte que el mismo día que el senado le escoltó, el pueblo lo despedazó. No quedó de él, en quien los dioses y los hombres habían puesto todo lo que se puede juntar, cosa que pudiera llevarse el verdugo. ¿Eres rey? Pues, no te enviaré a Creso,[26] que vio encenderse y apagarse la pira, sobreviviendo no solo al reino, sino a su misma muerte. Tampoco te enviaré a Yugurta,[27] a quien el pueblo romano vio preso dentro del mismo año en que le había temido. Vimos a Tolomeo,[28] rey de África, y a Mitrídates,[29] rey de Armenia, entre los guardas de Calígula, siendo el primero exiliado y el segundo con deseos de serlo bajo mejor protección. Si en este

25. Lucio Elio Sejano fue prefecto de la guardia pretoriana de Tiberio, gozó del poder del emperador e influyó sobre él. Fue ejecutado por orden del emperador en el año 31 d. C.

26. Fue el último rey de Lidia (siglo VI a. C.). Además de sus riquezas, le hizo famoso su muerte legendaria. Después de subir a la pira fue arrebatado por Apolo y llevado a la Tierra de los hiperbóreos.

27. Rey de Numidia derrotado en la guerra que sostuvo con los romanos (117-114 a. C.), como relató Salustio.

28. Nieto de Marco Antonio y primo de Calígula, a quien este mandó ejecutar después de haberlo hecho venir de África y recibirlo con honores.

29. Rey de Armenia encarcelado por Calígula y enviado después por Claudio a su reino.

vaivén de cosas que suben y bajan no piensas que te amenaza todo lo que puede sucederte, das contra ti fuerzas a las adversidades, a las que quebranta quien las previene.

La consecuencia inmediata de todo esto es que no hemos de trabajar en cosas inútiles o por motivos sin sentido. Quiero decir que, o no codiciemos lo que no podemos conseguir o que, tras haberlo conseguido, entendamos demasiado tarde, cubiertos de vergüenza, la futilidad de nuestros deseos. Dicho de otro modo: que ni nuestro trabajo quede sin fruto, ni este sea indigno del trabajo. Pues, casi siempre se sigue tristeza o por falta de éxito o por la vergüenza que este nos causa.

XIII. Hay que cortar de raíz las idas y venidas de gran parte de los hombres, que van rondando ociosos y por casas, teatros y mercados. Se ofrecen a los negocios ajenos, remedando a los que siempre están ocupados. Si preguntas a alguno de estos cuando sale de casa: ¿adónde vas? ¿Qué piensas?, te responderá: «pues, te diré la verdad, no lo sé. Veré a algunos amigos, algo haré». Van sin determinación, buscando ocupaciones, sin cumplir las que se habían propuesto, sino las que primero les ofrecieron. Su paseo es vano y estéril, como el de las hormigas que suben por los árboles para después de haber llegado a la cima, volver a bajar vacías. Semejantes a estas pasan su vida muchos, de los que sin razón podríamos decir que están poseídos de una inquieta pereza; a otros compadecerás como si corrieran en un incendio, atropellando a los que encuentran en su camino y, despeñándose ellos, llevan a otros al despeñadero. Estos, después de haber corrido a saludar a quien no les ha de pagar la cortesía, o para hallarse en un entierro de un desconocido, o para asistir a la vista de un pleito de un litigante empedernido o a la boda de quien se casa muchas veces; o siguiendo su litera y ayudando a elevarla a determinados sitios, cuando vuelven a sus casas, molidos de un cansancio inútil, juran que ni saben a qué salieron, ni dónde estuvieron, para volver a dar los mismos pasos al día siguiente.

Diríjase, pues, tu trabajo hacia una meta y busque un resultado seguro. A los inquietos y locos no los mueve un negocio, los mueven las falsas imágenes de las cosas; porque no deja de empujarlos una cierta esperanza; les cosquillea la apariencia de aquello cuya vanidad no acierta a comprender su mente cautiva. Sucede lo mismo a cada uno de aquellos que salen de casa para engrosar la turba: son arrastrados de un lugar a otro de la ciudad por causas insustanciales y ligeras, y sin tener que trabajar, los echa de casa la salida del sol. Y después de haberse hecho mil veces encontradizos para saludar a muchos, orillado de estos, a ninguno hallan con más dificultad cuando vuelven a casa que a sí mismos.

De este mal nace el vicio terribilísimo de andar siempre escuchando e inquiriendo los secretos de la república, los secretos de la gente y de averiguar otras muchas cosas, que, ni con seguridad se pueden contar ni son oídas sin ella. Pienso que Demócrito seguía esta doctrina que comienza así: «el que quiera vivir en tranquilidad, ni en público ni en privado gestione muchos asuntos». Se refería, claro está, a los inútiles. Porque si son necesarios, tanto públicos como privados, se han de llevar no solo muchos, sino incontables. Pero cuando no nos llama ningún interés superior, debemos refrenar nuestra actividad.

XIV. El que se ocupa de muchas cosas, hace muchas veces entrega de sí a la suerte. En efecto, lo más seguro es hacer de ella pocas experiencias, si bien se ha de pensar siempre en ella y sin prometerse nada de su fidelidad. «Me haré a la mar, dice el sabio, a no ser que me lo impida algún accidente.» «Llegaré a pretor, si algo no se interpone. El negocio me saldrá bien si no se cruza estorbo alguno.» Sin duda, por eso afirmamos que al sabio nada le sucede contra su opinión: no le eximimos de los sucesos humanos, sino de los errores. Tampoco afirmamos que les sucedan las cosas como deseó, sino como lo pensó, pues lo primero que pensó fue que podría haber algo que impidiese la ejecución de sus deseos. Y así, es forzoso reconocer que en el ánimo del que no se prometió seguridad en su intentona, entra más templado el dolor de un deseo frustrado.

XV. Hemos de hacernos también flexibles, sin entregarnos con pertinacia a las determinaciones que tomamos, pasando a aquellas otras a las que el azar nos lleva. Ni hemos de temer los cambios de proyecto u orientación, con tal de no caer en la precipitación, vicio el mayor enemigo de la tranquilidad. Hemos de reconocer que la pertinacia es angustiosa y miserable a quien la fortuna golpea a menudo, pero mucho más grave es la ligereza que nunca se contiene. Ambos defectos, pertinacia y precipitación, son enemigos de la tranquilidad: no poder cambiar nada, ni poder sufrir nada. Hay, pues, que apartar el ánimo de todas las cosas externas para volver a sí mismo y estar contento con uno mismo: acepte sus cosas, aléjese en cuanto sea posible de las ajenas, aplíquese a sí mismo, hágase insensible a los daños e interprete con benignidad, incluso las cosas adversas. Sabedor nuestro Zenón del naufragio en que perecieron todos sus bienes, exclamó: «Quiere la fortuna que yo filosofe con más libertad». Amenazaba un tirano con la muerte y con que no sería sepultado al filósofo Teodoro: «tienes de qué alegrarte —le respondió—, porque la medida de mi sangre está en tus manos. Pero, en lo tocante a la sepultura, te equivocas, si piensas que me importa pudrirme encima o debajo de la tierra».

A Cano Julio, varón extraordinariamente grande, a cuya admiración no empece el haber nacido en nuestro siglo, después de haber tenido largos altercados con Calígula, este nuevo Fálaris,[30] le dijo como despedida: «He mandado que te lleven al suplicio para que no te lisonjees con vana esperanza». Él le respondió: «te doy las gracias, óptimo primo príncipe».

. Dudo yo de lo que quiso decir con esto, pues se me ocurren muchas interpretaciones. ¿Le quiso afren-

---

30. La comparación de Fálaris y Calígula se repite en Séneca. Los dos son personajes crueles.

tar dándole a entender cuán grande era su crueldad, pues con ella tenía como beneficio la muerte? ¿O quizá le dio en el rostro con su cotidiana demencia? Pues le daban las gracias aquellos cuyos hijos hacía matar y aquellos a quienes arrebataba la hacienda. ¿O, por ventura, recibió con alegría la muerte, considerándola una liberación? En cualquier caso, la respuesta fue de un espíritu valiente. Dirá alguno: ¿después de esto pudo Calígula ordenar que Cano viviese? No temió esto Cano. Pues era demasiado conocida la persistencia de Calígula en tales órdenes.

¿Crees tú que pasó sin congoja alguna los diez días que le separaban del suplicio? No parece creíble lo que aquel varón dijo y lo que hizo y lo tranquilo que estuvo. Estaba jugando al ajedrez cuando el alguacil que traía la lista de muchos condenados a muerte, mandó que también le sacaran a él. Después de haber sido llamado, contó los tantos y dijo a su compañero de juego: «advierte que después de mi muerte no has de mentir, diciendo que me ganaste». Entonces, con una señal, llamó al centurión y le dijo: «serás testigo de que le gano un tanto». ¿Piensas tú que Cano jugaba en aquel tablero? Con el juego burló al tirano. Tristes estaban sus amigos por la pérdida de tal varón. «¿Por qué estáis tristes?, les dijo. Vosotros andáis investigando si las almas son inmortales y yo lo sabré enseguida.» Y hasta el último momento de su muerte no desistió de inquirir la verdad y disfrutar de la muerte, como era su costumbre. Le seguía un discípulo suyo, y estando ya cerca del túmulo en el que se ofrecían todos los días sacrificios a César dios nuestro, le dijo: «¿En qué piensas ahora,

Cano? ¿Qué idea tienes? Sacrifica a César». «Me he propuesto averiguar —le contestó Cano— si en aquel velocísimo instante de la muerte siente el alma salir del cuerpo.» Y prometió que después de investigarlo, visitaría a sus amigos y les indicaría cuál era el estado de las almas.

Ves aquí la tranquilidad en medio de las tormentas y ves un ánimo digno de la eternidad, que invoca a la muerte como prueba de la verdad. Y puesto en el último trance, hace preguntas al alma cuando sale del cuerpo, aprendiendo así, no solo hasta la muerte, sino de la misma muerte. No ha existido nadie que filosofase más tiempo que tú. Por eso la memoria de este gran varón no se borrará rápidamente y su nombre se pronunciará no sin respeto. En todo tiempo, oh clarísima cabeza, haremos que todos te recuerden, parte importante de las matanzas de Calígula.

XVI. Pero de nada sirve haber rechazado las causas de la tristeza personal que, a veces comporta un aborrecimiento de todo el género humano. Así sucede cuando nos topamos con la multitud de crímenes con fortuna; y cuando advertimos cuán rara es la simplicidad y cuán desconocida la inocencia y cuán poco guardada la fidelidad, a menos que convenga guardarla; y cuando beneficios y perjuicios, nacidos del placer, son igualmente aborrecibles; y cuando la ambición sin límites, hasta tal punto desenfrenada que resplandece por su torpeza, el alma se mueve en la noche de profunda tiniebla, como si ya abatidas todas las virtudes no cabe esperarlas, ni aprovecha tenerlas. Debemos, por tanto, rendirnos a esto: a no tener por aborrecibles, sino por ridículos los vicios del vulgo y a imitar antes a Demócrito[31] que a Heráclito. Este, siempre que aparecía en público, lloraba; aquel reía. Para este todas nuestras acciones eran miserias, a aquel le parecían tonterías.

Hay que quitar importancia a las cosas y llevarlas con ánimo alegre. Es más humano reírse de la vida que llorarla. Sábete, además, que el género humano valora más al que se ríe de él que al que se lamenta: el primero deja alguna parte de esperanza y el segundo llora neciamente aquello que desconfía poder remediar. Y todo bien considerado, mayor grandeza de alma es la del que no puede reprimir la risa, que la del que no puede contener las lágrimas, como no sea movido por una suavísima emoción. Sin que juzgue que en tan gran aparato de cosas no hay alguna que sea grande, sería ni siquiera digna de lástima.

Propóngase cada uno todas aquellas cosas por las que venimos a estar alegres o tristes, y entonces comprenderemos lo que dijo Bión: «Que todos los negocios de los hombres son semejantes en sus principios y que toda su vida no es más santa ni más seria que su concepto nacido de la nada». Y así, es más sensato tomar con calma las costumbres públicas y los humanos vicios sin pasar a reírlos o llorarlos, porque es una eterna miseria atormentarse con los males ajenos, y alegrarse de ellos un deleite inhuma-

31. Demócrito de Abdera (460-370 a. C.) fue un filósofo atomista que se distinguió por el desprecio de las riquezas.

no. Como también es inútil compasión llorar y tapar el rostro porque alguno entierre a su hija. En nuestros propios males debemos portarnos de tal manera, que no demos al dolor más que lo que pide la razón, no lo que exige la costumbre. Son muchos los que lloran para que les vean y mantienen los ojos secos, cuando falta quien los mire: piensan que es cosa fea no llorar cuando lo hacen todos. Está tan profundamente arraigado este mal de estar pendientes del parecer ajeno, que hasta el dolor, la cosa más espontánea, se convierte en fingimiento.

XVII. Tras esto síguese una parte que, no sin causa, suele entristecer y turbar, como sucede en el destino final de los buenos. Sirva de ejemplo Sócrates, obligado a morir en la cárcel; Rutilio, a vivir en el destierro; Pompeyo y Cicerón, a entregar su cuello a sus mismos clientes, y Catón, aquel vivo dechado de todas las virtudes, que apoyado sobre su espada, hace demostración de cómo moría al mismo golpe que la república. Hay que lamentar que la fortuna pague con premios tan inicuos a estos hombres. ¿Y qué puede esperar cada uno cuando ve que los mejores padecen lo peor? ¿Y qué se puede hacer? Poner los ojos en el modo en que ellos sufrieron y, si fueron fuertes, desear tú su valentía; pero si murieron mujeril y flacamente, nada se perdió. O fueron dignos de que su virtud te agrade o indignos de que se imite su cobardía. Porque, ¿qué cosa más degradante que ver cómo la muerte varonil de los grandes varones hace cobardes a los otros?

Alabemos una y otra vez al digno de alabanza y digámosle: «Cuanto más fuerte, más dichoso escapaste ya de los humanos acontecimientos, de la envidia y de la enfermedad; saliste de la prisión, tú, que no pareciste a los dioses digno de mala fortuna, sino merecedor de que la fortuna no tuviese sobre ti ningún dominio. Pero a los que, cuando se acerca la muerte, la rehúyen y ponen los ojos en la vida, hay que ponerlos a raya. A nadie lloraré porque esté contento, ni lloraré al que llora. El primero enjugó mis lágrimas, el segundo se hizo indigno de las de otros con las suyas. ¿He de llorar yo a Hércules porque fue quemado vivo? ¿A Régulo, traspasado por tantos clavos? ¿A Catón, que con entereza aguantó tantas heridas? Todos estos, con poco gasto de tiempo, hallaron modo de eternizarse, llegando a la inmortalidad por medio de la muerte».

XVIII. Es también no pequeña materia de preocupaciones el excesivo afán de aparecer ante los demás como persona elegante sin mostrarte cómo eres con nadie. Es una falta en la que caen muchos, cuya vida es fingida y ordenada a la ostentación. Pues esta continua contemplación de sí mismo le tortura, temiendo verse sorprendido en diferente figura de la que suele. Esta preocupación no nos deja nunca, porque juzgamos que siempre que nos miran nos someten a examen. Pero hay muchas circunstancias en que, sin quererlo nosotros, nos dejan al desnudo, y por bien que tanta compostura resulte, no es posible que sea grata ni segura a la vida de los que viven bajo la máscara. En cambio, ¡qué placer se esconde en una sencillez sincera, sin más adorno que ella misma y sin ningún velo encima de sus costumbres!

Pero también la vida corre el peligro del desdén, si todo es patente a todos, pues hay hombres a quienes hastían las cosas que vivieron de cerca. Pero la virtud no tiene peligro de envilecerse por acercarse a los ojos. Y mucho mejor es ser despreciado por la sencillez que atormentado con perpetua simulación. Mas pongamos en ello moderación: hay mucha diferencia entre vivir con sencillez y vivir con negligencia. Conviene mucho entrar dentro de nosotros mismos, porque la conversación con los que no son semejantes a nosotros, descompone lo bien compuesto, agita las pasiones y abre las llagas de todo lo que en el alma está endeble y mal curado. Hay, no obstante, que mezclar y alternar la soledad y la comunicación. La primera nos traerá el deseo del trato con los hombres; la segunda, el de nosotros mismos: y la una será remedio de la otra. La soledad nos curará del hastío de la multitud y esta del tedio de la soledad.

Tampoco hemos de mantener el espíritu siempre en tensión, sino que lo hemos de hacer bajar a los entretenimientos. Sócrates no se avergonzaba de jugar con los niños, y Catón alegraba con vino su espíritu fatigado por los problemas públicos. Y Escipión moría al ritmo de la danza con aquel su cuerpo triunfador, pero no con retorcimientos afeminados, como hoy suelen hacer muchos que, incluso en su andar, superan la molicie de las mujeres, sino como aquellos antiguos varones que en los juegos y días de fiesta, solían danzar varonilmente, sin que sufriera merma su crédito, aunque los viesen danzar sus enemigos. Se ha de dar algún reposo a los espíritus para que, descansados, se levanten mejores y más decididos a trabajar. Y así como de los campos fértiles no se ha de abusar, pues su no interrumpida fertilidad los esquilmará pronto, de la misma manera, el trabajo continuo quebrantará las fuerzas del espíritu, que lo recuperará con el reposo y la distracción. De la asiduidad en el trabajo surge una cierta languidez y decaimiento. Ni la afición de los hombres sería tan fuerte, si el entretenimiento y el juego cuyo ejercicio frecuente no llevara consigo cierto deleite natural; pero por su misma frecuencia quita a los ánimos toda su fuerza y vigor: necesario es el sueño para reparar las fuerzas, pero si duermes día y noche vendrá a ser la muerte. Mucha diferencia va entre aflojar y soltar una cosa. Los legisladores establecieron días festivos para que los hombres se juntasen en público, interponiendo una alegre y casi necesaria relajación en sus trabajos. Y los grandes hombres, como tengo dicho, se tomaban cada mes ciertos días feriados; y otros no dejaban día alguno sin dividirlo entre el ocio y la actividad, como sabemos de Asinio Polión, gran orador, a quien ningún negocio detenía, pasada la hora décima. Y después, ni siquiera leía carta alguna para que no le produjesen nuevas preocupaciones, reparando en aquellas dos horas de descanso el trabajo de todo el día.

Otros interrumpían el trabajo a mediodía, reservando para las tardes los negocios más ligeros. Y nuestros antepasados prohibían que después de la hora décima no se hiciese en el senado deliberación alguna. El soldado divide las guardias y el que viene de la campaña está libre de hacer de centinela de noche. Conviene ensanchar el ánimo dándole algún ocio que lo aliente y le dé fuerzas. El paseo que se hace, sea a pleno campo, para que a cielo abierto y al aire libre, el alma se levante y cobre ánimos. Algún que otro paseo en vehículo, pues un viaje y un cambio de sitio nos darán un nuevo vigor. Dígase lo mismo de un banquete y de una bebida más copiosa, incluso llegando hasta la raya de embriaguez, no para que nos anegue, sino como diversión, pues aleja los cuidados, levanta el espíritu y le cura de la tristeza, como también de ciertas enfermedades. A Baco, inventor del vino, le llamaron Liber, no por la libertad que da a la lengua, sino porque libra el ánimo de la servidumbre de los cuidados y le fortalece, haciéndolo más vigoroso y audaz para todos los inventos. Pero como en la libertad es saludable la moderación, lo es también en el vino. De Solón y Acersilao se dice que se dieron al vino; y a Catón se le tachó de embriaguez, pero el que le tachó de este vicio, más fácilmente conseguirá hacerle el vicio honesto que torpe a Catón.

Pero esta licencia del vino no se ha de tomar muchas veces a fin de que el ánimo no se habitúe a las malas costumbres. Si bien se ha de servir como muestra de regocijo y libertad, desechando un poco la austera sobriedad. Porque, si damos crédito al poeta griego: «Alguna vez agrada perder la cabeza»; y si a Platón: «En vano abre las puertas a la poesía el que está en su entero juicio»; y si a Aristóteles: «No hay genio grande sin alguna dosis de demencia», solo el alma excitada puede decir una cosa grande y superior a los otros. Cuando desprecia lo vulgar y lo usado y se eleva a lo más excelso por un instinto sagrado, es cuando por boca de hombre mortal, canta alguna cosa superior. Mientras el alma está en poder de sí misma no puede alcanzar nada sublime ni de difícil acceso. Es necesario que se aleje de lo acostumbrado y se levante, y que, tascando el freno, arrebate al jinete que lleva las riendas, obligándole a llevarle hasta donde él no se hubiera atrevido a remontarse.

Aquí tienes, carísimo Sereno, los medios con que puedes defender la tranquilidad, los que la pueden restituir y los que pueden resistir a los vicios que tratan de introducirse en el alma. Quiero, no obstante, que sepas que ninguno de estos medios es suficiente para conservar un bien tan frágil, si una intensa y asidua vigilancia no rodea a un alma que tiende a desfallecer.

DE LA BREVEDAD DE LA VIDA[32]

A Paulino

I. La mayor parte de los hombres, Paulino, se queja de la maldad de la naturaleza porque nos ha engendrado para un tiempo tan breve y porque la vida corre tan veloz, tan rápida, que, si exceptuamos a unos pocos, a todos los demás les priva de ella en el preciso momento en que se aprestan a vivirla. Y no solamente

32. La opinión más común entre los estudiosos es que el *Paulino* a quien está dedicado el diálogo son dos personas que comparten nombre y que aparecen mencionadas por Plinio y Tácito, respectivamente. Serían el padre y el hermano de la mujer de Séneca.

Respecto a la fecha de composición, se barajan tres: a) 62 d. C., año de la retirada de Séneca; b) Año 49 d. C., ya que en el cap. XIV se habla de Sila como el «último de los romanos que había alargado el recinto de las murallas romanas» cuando precisamente en esta fecha Claudio llevó a cabo la ampliación de la muralla; c) Año 55 d. C., la fecha menos probable de las tres.

la turba, ni el vulgo imprudente a quienes hace llorar esta desgracia común, según ellos; este sentimiento ha suscitado también las quejas de claros varones. De ahí viene aquella exclamación del más famoso de los médicos: «la vida es breve, largo el arte».[33] De ahí también la acusación indigna de un hombre sabio, que hizo Aristóteles[34] contra la naturaleza de las cosas, cuando luchaba por comprenderla: «solo a los animales les había sido generosa, haciendo que vivieran cinco y hasta diez siglos. Al hombre, en cambio, nacido para tantas y tan grandes empresas, le limitó el término de su vida a un tiempo mucho más reducido».

El tiempo que tenemos no es corto; es que perdemos mucho. La vida se nos ha dado con largueza suficiente para emplearla en la realización de cosas de máxima importancia, si se hace buen uso de ella. Pero cuando se disipa entre lujos y negligencias y se gasta en cosas inútiles, cuando llega el último trance inexorable, sentimos que se nos ha ido la vida, sin reparar siquiera que se va. Lo cierto es que no recibimos una vida corta, somos nosotros los que la acortamos; ni somos indigentes, sino pródigos. Pues así como las riquezas copiosas y regias, cuando llegan a manos de un mal dueño, al momento se disipan; y cuando caen en manos de un buen administrador se acrecientan, aunque sean escasas, con su mismo uso, así también nuestra vida ofrece muchas posibilidades a quien la ordena rectamente.

33. Hipócrates, *Aforismos*, I, 1.
34. La frase es más bien de Cicerón, que la pone en boca de Teofrasto (*Tusculanas*, III, 69).

II. ¿Por qué nos quejamos de la naturaleza? Ella se comportó con generosidad: larga es la vida si la sabemos aprovechar. A uno le domina la insaciable avaricia; a otro la cuidadosa diligencia de tareas inútiles; otro se empapa en vino; otro languidece en la inercia; a este le fatiga la ambición, siempre pendiente de ajenos juicios; a aquel le lleva por diversas tierras y mares la desenfrenada codicia del lucro. A algunos atormenta la pasión por la guerra, sin advertir nunca los peligros ajenos y sin preocuparse de los suyos propios. Hay quienes por una veneración obsequiosa a sus amos, consumen su vida en una esclavitud voluntaria. A muchos abrevió la vida la envidia de la fortuna ajena o el aborrecimiento de la propia; los más, sin saber adónde van, vacilan entre varios pareceres, atraídos por una inconstante y siempre descontenta liviandad, que los zarandea por doquier. A otros muchos no les agrada ninguna diversión que puedan dar a su vida, de manera que el destino les sorprende aletargados y somnolientos, hasta el punto de que no dudo de la verdad proclamada, a modo de oráculo, por el más grande de los poetas:

Exigua pars est vitae quam nos vivimus.
Exigua es la parte de la vida que vivimos.[35]

Pues es cierto que toda otra duración es tiempo, no vida. Por todas partes les cercan acuciantes vicios,

35. Con mucha probabilidad se refiere a Virgilio.

que no les dejan levantarse, ni les permiten mirar de frente al rostro de la verdad, sino que les oprimen, sumidos y atrapados por sus concupiscencias. Nunca se les permite entrar en sí mismos y, si acaso les llega alguna calma inesperada siguen fluctuando, como sucede en lo profundo del mar, donde una vez pacificados los vientos sigue el oleaje de las olas, sin que jamás les motive el descanso a dejar sus pasiones. ¿Piensas que hablo yo de aquellos cuyos males son manifiestos? Pon los ojos más bien en aquellos a cuya felicidad se recurre, y que se ahogan en sus propios bienes. ¿A cuántos les son pesadas sus riquezas? ¿A cuántos ha costado su sangre el vano deseo de ostentar su elocuencia en tantas ocasiones? ¡Cuántos languidecen por sus continuas voluptuosidades! ¡A cuántos no ha dejado un instante de libertad la apretada turba de sus clientes! Recorre uno tras otro todos estos, desde la clase más baja a la más alta, y verás que uno cita a juicio, el otro se presenta, aquel peligra, este defiende y el otro sentencia. Nadie se preocupa de sí mismo, consumiéndose los unos en los otros.

Pregunta por el nombre de aquellos cuyos nombres son más conocidos. Verás que se distinguen por estas características: este es administrador de aquel; aquel del otro y ninguno de sí mismo. Es, por tanto, muy ridícula la indignación de algunos cuando se quejan del desdén de los superiores, porque no tenían tiempo de recibirlos, cuando ellos se querían acercar. ¿Se atreverá alguien a quejarse de la soberbia de otro, cuando no tiene un momento para preocuparse de sí? Sin embargo, el superior, quienquiera

que fuere, se dignó mirarte alguna vez, con cara insolente tal vez; puso atentos sus oídos para escuchar
tus palabras y te admitió a su lado. Tú, en cambio, no
te has dignado mirar dentro de ti, ni oírte siquiera.

III. No hay razón, por tanto, para que atribuyas estas
obligaciones a cualquiera, pues, cuando tú las cum-
plías, no era porque querías estar con otro, sino por
no estar contigo. Aunque todos los ingenios que siempre brillaron, estuvieran unánimemente de acuerdo
en esto, nunca acabarían de ponderar suficientemente
la ceguera de la mente humana. Nadie consiente que
le ocupen sus propiedades y, si existe un pequeño liti-
gio en torno a sus límites, acuden a las piedras y a las
armas. Pero, permiten que otros intervengan en sus
vidas; más aún, ellos mismos introducen en ella a sus
futuros propietarios. No se encuentra a nadie que
quiera repartir su dinero; por el contrario, ¿entre
cuántos distribuyen su vida todos y cada uno de los
hombres? Muestran ser miserables en guardar su patrimonio, pero cuando se presenta la ocasión de perder el tiempo son muy espléndidos, ocasión ciertamente única en que la avaricia sería agradable. Me
agradaría traer aquí a alguien de la multitud de los
ancianos para decirle: «vemos que has llegado a la última etapa de la edad de la vida humana: llevas sobre
ti cien o más años. Entonces, recuerda y pide cuentas
a tu edad de cómo has empleado el tiempo. Háblanos
y di cuánto tiempo perdiste con el acreedor, cuánto
con tu amiga, cuánto en los tribunales, cuánto con el
cliente. Explícanos cuánto tiempo has perdido en dis-

putas con tu mujer, cuánto en castigos infligidos a tus esclavos, y cuánto en las calles de la ciudad en cumplimiento de tus acciones sociales. Añade a esto las enfermedades que tú mismo provocaste; añade también el tiempo pasado tumbado sin hacer nada y hallarás que tienes muchos menos años de los que cuentas. Haz memoria de si algún día tomaste una firme resolución y, si duró todo aquel día, según lo habías decidido, y qué uso hiciste de ti mismo. Recuerda cuándo estuvo tu rostro en su estado habitual y cuándo el temor dejó libre tu espíritu. Qué fruto obtuviste para ti mismo de lo que hiciste en tan largo tiempo. Recuerda también cómo muchos te estaban robando la vida, sin darte cuenta de lo que perdías. Y, finalmente, cuánto tiempo te ha quitado un dolor inútil, una loca alegría, la ambición desmedida y el placer de una conversación. Y al ver ahora lo poco que te ha quedado de ti mismo, comprenderás que tu muerte es prematura».

IV. ¿Cuál es, pues, la causa de todo esto? Vivir como si siempre hubieras de vivir: nunca pensáis en vuestra propia fragilidad. No os detenéis a observar el tiempo que se os ha ido: lo gastáis como si tuvierais un caudal pleno y abundante, pero sucede que ese mismo día, que tenéis destinado a un amigo, a un negocio, pudiera ser el último para vosotros. Como mortales que sois, tenéis miedo de todas las cosas y las ambicionáis todas como si fuerais inmortales. Oirás decir a muchos: «Cuando llegue a los cincuenta me retiraré a descansar; a los sesenta dejaré las ocupaciones». ¿Y a quién tomas como garante de una vida más larga? ¿Quién te asegurará que todo ha de ocurrir según tú lo dispones? ¿No te avergüenza reservar para ti los restos de tu vida, destinando a la virtud solo aquel tiempo que no puede ser destinado para otra cosa? ¿No es acaso tarde comenzar a vivir, cuando ha de dejarse de vivir? ¡Qué necio olvido de la mente diferir los sanos consejos hasta los cincuenta o sesenta años, y después comenzar a vivir a una edad a la que llegan tan pocos! Verás que a los más poderosos y más encumbrados hombres se les escapan las palabras para decir que están deseando la tranquilidad, que la alaban y la prefieren a todos sus bienes. Quieren bajar de aquella altura, si lo pudieran hacer con seguridad, puesto que cuando nada del exterior les puede herir o quebrantar, la misma fortuna se viene abajo por sí misma.

V. El divino Augusto, a quien los dioses favorecieron con mayor largueza que a ningún otro mortal, andaba siempre pidiendo el reposo y verse libre de los cuidados de la república. Todas sus conversaciones iban enderezadas a esperar que le llegase la hora del descanso. Con este consuelo dulce, aunque engañoso, de que algún día podría vivir para sí, entretenía sus trabajos.

En una carta enviada al senado, en la que prometía que su ocio no perdería dignidad, ni renunciaría a la primitiva gloria, encontré estas palabras: «Aunque en estas cosas es más gratificante hacerlas que prometerlas, sin embargo, la alegría de haber llegado a tocar el tiempo deseado me anticipa una satisfacción inmensa, hasta el punto de sentir algo de placer con la dulzura de las palabras, por más que esté todavía lejos el momento tan deseado». Tan gran importancia daba al descanso que, ya que no podía conseguirlo, se deleitaba viviéndolo en el pensamiento. El que veía pender de su voluntad todas sus cosas; el que hacía felices a los hombres y a las naciones, pensaba contentísimo en el día en que se viera libre de su dignidad. Por experiencia sabía cuánto sudor le habían costado aquellos bienes, que deslumbran a todo el mundo, y cuántas zozobras interiores traen consigo. Obligado a decidir sus asuntos, primero con sus ciudadanos, después con sus compañeros y, por último, con sus parientes, derramó la sangre por mar y tierra. Acosado por las armas en Macedonia, Sicilia, Egipto, Libia, Asia y ya casi por todas las fronteras, saltó al exterior para combatir con sus ejércitos, cansados del exterminio de romanos. Mientras, pone paz en los Alpes y domina a los enemigos, infiltrados para perturbar la paz y el Imperio. Y mientras mueve sus fronteras más allá del Rin, del Éufrates y del Danubio, se estaban afilando contra él en la misma ciudad de Roma las espadas de Murena, de Escipión, de Lépido y de los Egnacios.[36] No había acabado aún de sortear las asechanzas de estos, cuando su hija y tantos otros jóvenes nobles, ligados al adulterio como con juramento, hacían temblar su ya quebrantada edad. Y para colmo, el renovado temor de una mujer unida a Antonio, había cortado de raíz estas úlceras,

36. Todos ellos fueron conspiradores en repetidas ocasiones contra Augusto.

cuando volvían a brotarle otras, y, como un cuerpo cargado de sangre, algo siempre le emanaba por alguna parte.

Por eso deseaba el descanso y, esperando y pensando en él, sus trabajos se le hacían más leves. Marco Tulio Cicerón perseguido de los Catilinas, los Clodios, Pompeyo y Craso,[37] y en parte amigos dudosos, mientras flotaba con la república y la sujetaba para que no se viniera abajo, por fin, la sacó a flote. Pero ni tranquilo por el éxito, ni buen sufridor en las adversidades, ¿cuántas veces abominó de aquel mismo consulado no sin razón, pero también con exceso? Qué lamentos lanza en una carta escrita a Ático, cuando ya vencido Pompeyo, padre, su hijo se encontraba en España, tratando de rehacer los ejércitos maltrechos. «Me preguntas —escribe— qué hago aquí. Estoy en mi Tusculano, medio libre.» Añade a continuación otras cosas porque se lamenta de su vida pasada, se queja del presente y desconfía del futuro. ¡Cicerón se califica a sí mismo de semilibre! Pero, a fe mía, jamás el sabio se rebajará a tomar un adjetivo tan deprimente. Jamás será semilibre: libre con total y sólida libertad, dueño de ti mismo, estarás siempre con total y entera libertad. Pues, ¿qué cosa hay que pueda estar sobre quien está por encima de la fortuna?

37. Clodio exilió a Cicerón y Antonio lo asesinó en el 44 a. C. Pompeyo y Craso fueron enemigos de Cicerón por la oposición de este a las candidaturas de ambos.

VI. Libio Druso,[38] varón cruel y violento, después de haber favorecido las nuevas leyes y la sedición de los Gracos, se rodeó de una ingente multitud venida de toda Italia. No previendo el rumbo de las cosas, que ni le permitía realizar, ni tenía libertad para dejar las ya comenzadas, detestando su vida desde su agitada infancia, se cuenta que dijo: «Ni de niño siquiera se me concedió un solo día de descanso».

En efecto, estando todavía bajo tutor y vestido con la pretexta se atrevió ya a proteger a los culpables ante los jueces, interponiendo su influencia con tanta eficacia, que consta haber extorsionado a algunos juicios. ¿Hasta dónde no había de llegar una ambición tan prematura? Claro está que aquella tan acelerada audacia había de degenerar en un inmenso mal, tanto público como privado. Tarde, pues, se quejaba de «no haber tenido un día de descanso», quien desde niño había sido agitador y peligroso en los tribunales. Se duda si él mismo se quitó la vida o no. Cayó fulminantemente después de una herida en la ingle; alguien pone en duda que su muerte fuera voluntaria. Todos están de acuerdo en que fue muy oportuna.

Superfluo es recordar a varios que fueron considerados como personas muy felices por los demás, y que dieron de sí un testimonio verídico al descubrirnos todos los actos de su vida. Pero en estas lamentaciones ni se enmendaron ni cambiaron la vida de otros. Porque, mientras la publicaban de palabra, los afectos volvían a las antiguas andanzas. La verdad es

38. Tribuno de la plebe en el 91 a. C., fue asesinado el año 90 a. C.

que, aunque vuestra vida llegue a mil años, se reduce al más leve de los espacios. Estos vicios devorarán todos los siglos, pero este espacio que la razón prolonga, aunque la naturaleza siga su curso, por fuerza se alejará de vosotros a toda prisa. Pues no sois capaces de impedir ni detener el curso de la cosa más veloz, y dejáis que se vaya como si no fuera necesaria y se pudiese recuperar. Y en primer lugar pongo aquellos que no están desocupados, sino para el vino y la lujuria: en nada más torpe pueden estar ocupados. Los otros, seducidos por la vana ilusión de una falsa gloria, yerran, sin embargo, con alguna apariencia de dignidad. Sea que me hables de los avaros o me nombres a los más iracundos, o de los que guardan odios injustos, o de los que desencadenan las guerras: todos estos pecan más virilmente. Pero los que se lanzan a los placeres del vientre o de la lujuria cometen un pecado más torpe. Averigua los días de estos: fíjate en las horas que pierden en negocios, intrigas, odios. Cuenta los días que pasan en homenajes o recibiéndolos; cuánto tiempo les llevan los pleitos ajenos o propios; cuánto dilapidan en banquetes que ya se convierten en deberes para ellos, y verás cómo ni los males ni los bienes les dejan siquiera respirar.

Todos están de acuerdo, finalmente, en que ninguna acción de los que se entregan a estos vicios puede realizarse con dignidad: ni la elocuencia, ni las artes liberales, pues, cuanto más disipado está el espíritu, menos capaz es de cosas grandes. Todo lo rechaza como hombre que está harto de todo. En nada se ocupa menos que en vivir, cuando vivir es el arte más difícil.

VII. De las demás artes se encuentran por lo general muchos profesores. Algunas de ellas hasta los niños parecen haberlas aprendido de tal modo que, incluso, las podrían enseñar. El arte de vivir se ha de aprender durante toda la vida. Y lo que quizá te pueda extrañar más, es que toda la vida se ha de aprender a morir. Muchos varones de la más alta categoría, habiendo dejado todos los impedimentos y renunciando a riquezas, cargos y placeres, no se ocuparon de otra cosa hasta el final de su vida, más que en el arte de saber vivir. Y, sin embargo, muchos de ellos se fueron de este mundo confesando que todavía no lo sabían. ¿Puede extrañar que no lo sepan los que ni siquiera lo intentaron? Puedes creerme: es propio del varón eminente, que se encuentra por encima de los errores humanos, no dejar que se le escape nada de su tiempo. Y su vida, por tanto, es la más larga porque toda ella estuvo dedicada a su propio cuidado. En consecuencia, nada dejó de cultivar, ni se mantuvo ocioso. Nada dejó al cuidado ajeno, ni tampoco halló nada digno con que cambiar su tiempo, como guardián vigilantísimo que era de él. En efecto, esto le bastó; siendo, en cambio, inevitable que faltase a aquellos de cuya vida la gente se llevó una gran parte. Ni has de pensar que ellos no entendieron que su daño provenía de ahí. Por el contrario, oirás exclamar a muchos de esos a quienes agobia una gran felicidad, rodeados como están por un inmenso rebaño de clientes o enfrascados en la tramitación de sus asuntos, u ocupados en otras miserias honestas: ¡No me dejan vivir! ¿Por qué no le dejan? Todos aquellos que te reclaman para sí, te alejan de ti mismo. ¿Aquel acusado, cuántos días te quitó? ¿Cuántos, aquel candidato? ¿Cuántos, aquella vieja, cansada de enterrar a sus herederos? ¿Cuántos, aquel que simulaba estar enfermo para la avaricia de quienes creían poseer ya sus bienes? ¿Cuántos, aquel amigo poderoso que te busca no por amistad verdadera, sino por pura ostentación?

Te repito, haz cuentas y repasa los días de tu vida: verás cuán pocos y hasta ridículos han sido los días que reservaste para ti. Aquel otro que, por fin, consiguió el consulado, desea dejarlo, y dice: «¿Cuándo se acabará este año?». Tiene el otro a su cargo las fiestas, cuyo turno tuvo a gran suerte que le tocara, y exclama: «¿Cuándo podré escaparme de ellas?». Este es elegido para abogado defensor de todo el pueblo y llénase el foro de gente, hasta el punto de que su voz no se dejaba oír por el inmenso gentío, y dice: «¿Cuándo se acabará de sentenciar este pleito?». Cada cual acelera su vida y trabaja con el deseo del futuro y con el hastío del presente.

Por el contrario, quien ordena su tiempo en beneficio propio y regula todos sus días como una vida que comprende a todos ellos, ni desea ni teme el mañana. Pues, ¿qué cosa hay que le pueda proporcionar ya una hora más de placer que no conozca? Las conoce todas, las ha experimentado todas hasta la saciedad: que la fortuna ordene como quiera todo lo demás. La vida está ya en puerto seguro; se le podría añadir algo, pero, quitarle, nada. De la misma manera que alguien toma un poco de comida que ni siquiera desea, cuando su estómago está ya satisfecho, pero no saturado.

VIII. No pienses, por tanto, que alguien ha vivido mucho porque ya tiene canas o cara arrugada: No vivió mucho, sino que duró mucho. ¿Acaso puedes decir que navegó mucho, aquel que habiendo salido del puerto fue zarandeado de aquí para allá por una tempestad, arrastrado por la furia de vientos encontrados y, que al fin tocó tierra, moviéndose siempre por los mismos espacios? Este no navegó mucho, sino que fue golpeado con fuerza.

Me suele admirar ver con frecuencia cómo algunos piden tiempo y cómo esos mismos a quienes se lo piden se muestran muy condescendientes. A unos y a otros les importa la razón por la que han pedido el tiempo, pero a ninguno le interesa el tiempo mismo. Es como si nada se pidiera y como si nada se concediera: se juega con la cosa más valiosa del mundo. Lo que les engaña es que el tiempo no es cosa corpórea, ni perceptible a los ojos. Por eso mismo, se juzga sin valor alguno, o mejor, que no se le dé ningún valor. Hombres preclaros reciben sueldos anuales y por ellos ofrecen su trabajo, su servicio y su destreza: nadie aprecia el tiempo. Pero, obsérvalos cuando están enfermos, lo malgastan, como cosa gratuita. Cómo se abrazan a las rodillas de los médicos, cuando ven encima el peligro de muerte. Si tienen la pena capital, están dispuestos a entregarlo todo para vivir. Tan grande es en ellos la confusión de sus sentimientos. Y si pudiéramos contar el número de años que les queda de vida, como hacemos con los años que hemos vivido, ¡cómo temblarían al ver los pocos que les quedaban y con qué cautela los guardarían! ¡Es fácil, ciertamente, disponer de aquello que es seguro, aunque sea poco!: se ha de guardar con más diligencia aquello que no sabemos cuándo nos puede faltar.

No pienses tampoco que ellos desconocen el valor real del tiempo. Acostumbran decir a los que aman apasionadamente que están dispuestos a darles parte de sus años. Los dan sin entender lo que dicen: porque los dan porque se los quitan a sí mismos, sin aumentar los años de los otros. Pero, ni siquiera se dan cuenta de que se los están quitando por eso. Como ignoran lo que pierden, toleran mejor la pérdida de algo cuyo daño se les oculta. Nadie te restituirá los años y nadie te restituirá a ti mismo. La edad seguirá el camino que comenzó, sin volverse atrás, ni detenerse. No hará ruido ni te advertirá de tu velocidad: se deslizará callada. Tampoco se prolongará por mandato del rey ni por el favor del pueblo. Correrá tal y como se le ordenó desde el principio: nunca se apartará de su camino y no se detendrá en ninguna parte. ¿Qué se sigue de esto? Que mientras tú estás ocupado, la vida corre veloz. La muerte, entre tanto, se acerca, para la cual, quieras o no habrás de desprenderte de todo.

IX. ¿Acaso puede alguien, hablo de aquellos hombres que se precian de ser prudentes y que cada día están más ocupados, mirar por sí mismos y vivir me-

125

jor? Disponen de la edad con riesgo de su propia vida, haciendo planes para un futuro lejano, siendo así que la dilación es la quiebra más grande de la vida. Ella lo primero que hace es robar a cualquiera su primer día, nos quita las cosas presentes, mientras nos promete las futuras. El mayor impedimento para vivir son las expectativas que dependen del mañana. Pierdes lo de hoy y dispones de lo que está en manos de la fortuna, perdiendo lo que está en las tuyas. ¿Adónde miras? ¿Hasta dónde quieres llegar? Todo lo que está por venir, se mueve en lo incierto: empieza ya a vivir; oye el clamor del mayor de los poetas, quien como inspirado por boca divina canta este saludable verso:

Optima quaeque dies miseris mortalibus aevi[39]
Prima fugit
El mejor día de la vida de los desgraciados mortales
es el que huye el primero.

¿Por qué vacilas? —dice—, ¿por qué te detienes? Si no lo atrapas, huye. Y huirá también si lo atrapas. Por tanto, se ha de luchar necesariamente contra la celeridad del tiempo con la presteza en su aprovechamiento: hay que beber aprisa el agua del arroyo rápido, pues no siempre llevará agua. Y esto vale también para reprobar esa interminable vacilación a la que no llama la mejor edad, sino el mejor día. ¿Por qué te entretienes prometiéndote una larga serie de meses y de años, según le parece a tu avidez? El poeta habla contigo de un día y de ese mismo día que se

39. Virgilio, *Geórgicas*, 3, 66 y sigs.

te escapa. No hay duda, por tanto, que el día mejor de tu vida es aquel que primero se escapa a los míseros mortales, es decir, a los ocupados. La vejez sigue oprimiendo sus almas juveniles, a la que llegan sin preparación y desarmados.

En efecto, nada tenían previsto; de repente y sin pensarlo cayeron en ella. No sentían que todos los días se acercaban más a ella. Así como una conversación, una lectura o cualquier preocupación interior, engañan a los que van de camino y se dan cuenta de que llegaron antes de lo que creían llegar, así sucede en este camino concurrido y velocísimo de la vida. Dormidos o en vela lo hacemos al mismo paso, de manera que, ocupados como estamos, no nos damos cuenta hasta el final de la jornada.

X. Si yo tratara ahora de dividir en partes y de ordenar los argumentos que acabo de exponer, serían muchos los que acudirían a mi mente para probar que la vida de los ocupados es la más corta. Solía decir Fabiano, que no era de esos filósofos que sientan cátedra, sino de los auténticos y antiguos: «contra las pasiones se ha de luchar con denuedo y no con sutilezas. Tampoco se ha de vencer a un ejército adverso con pequeñas heridas, sino con un ataque contundente. Las intrigas han de rechazarse con rotundidez y sin irse por las ramas». Y sin embargo, cuando se trata de corregir un error no basta con deplorarlo, hay que corregirlo.

La vida se divide en tres etapas: la presente, la pasada y la futura. De estas tres, la que vivimos en el presente es la más corta; la venidera es dudosa, la que hemos vivido, cierta. Sobre esta última la fortuna perdió ya sus derechos, porque no puede someterse a la voluntad de nadie. Esta la pierden los ocupados, pues ni siquiera pueden mirar hacia el pasado y, si pudieran, su recuerdo les resultaría molesto, pues sería para ellos motivo de arrepentimiento. De mala gana, pues, vuelven a pensar en el tiempo mal empleado, ni se atreven a recordarlo, pues la evocación de sus vicios les pone en evidencia, incluso la de aquellos cuyo recuerdo pudiera producirles ahora algún placer que les recordaría el pasado. Nadie se vuelve de grado a mirar su pasado, a no ser aquel cuya conciencia ha dictaminado sus actos, pues la conciencia no se engaña nunca. Por el contrario, por fuerza ha de tener su recuerdo quien lleno de ambición codició muchas cosas, despreció con soberbia a los otros, abusó de su victoria, engañó con malas artes, arrebató con avaricia y malversó con despilfarro. Ahora bien, esta es la parte sagrada e irrevocable de nuestra vida que ha superado ya todas las posibilidades humanas y se ha situado por encima del imperio de la fortuna, a la que, ni la pobreza, ni el miedo, ni los achaques de las enfermedades pueden afligir. Esta no puede ser perturbada ni arrebatada por el miedo: su posesión es perpetua e imperturbable.

Todos y cada uno de los días de nuestra vida están presentes y estos por momentos. Pero los pasados se te harán presentes tan pronto como se lo mandares y se detendrán y se someterán a tu inspección, según tu capricho, algo que no tienen tiempo de hacer los muy ocupados. Es propio de una mente segura y tranquila discurrir por todos los momentos de su vida, en cambio, el alma de los ocupados está como sometida al yugo y no puede volverse y mirar hacia atrás. Su vida se sumió en lo más profundo y, así como por más que ingieras nada aprovecha, si debajo no hay recipiente que lo reciba y lo conserve, así de nada sirve el tiempo que se te dé, si no hay dónde se deposite: se escapa a través de las almas rotas y agujereadas.

El tiempo presente es muy breve, tan breve que a algunos les parece nulo. Está siempre en marcha, fluye y se precipita: desaparece antes de llegar. No admite más demora que el mundo o las estrellas, cuyo incesante y siempre inquieto movimiento, nunca les permite permanecer en la misma posición. Así pues, solo a las personas ocupadísimas pertenece el tiempo presente, que es tan breve, que no se le puede agarrar y se les escapa por entre los dedos mientras están entregados a tantas cosas.

XI. ¿Quieres saber, finalmente, lo poco que viven? Pues mira lo mucho que desean vivir. Mendigan las viejas decrépitas a fuerza de súplicas, el aumento de unos pocos años. Fínganse de menos edad, se halagan con esa mentira y se engañan tan a gusto, como si juntamente engañaran al destino. Ahora bien, cuando su debilidad les advierte de su condición mortal, mueren como atemorizadas, no como los que salen de la vida, sino como si fueran expulsados de ella. Claman a voces que fueron necias por no haber sabido vivir. Y si escapan de aquella enfermedad, prometen que vivirán en el descanso. Conocen cuán en vano adquirieron los bienes que no han gozado y cuán en vano se vino abajo todo su trabajo.

Y, ¿por qué no les resulta larga la vida a quienes la viven alejados de todo negocio? Absolutamente nada se cede a otro, nada se dispersa por un lado u otro, nada, por tanto, se deja en manos de la fortuna. Nada se pierde por negligencia, nada se sustrae por prodigalidad y nada hay en ella de superfluo. Toda ella, digámoslo así, está produciendo intereses. Y así, por corta que sea, siempre resulta más que suficiente. Por tanto, cuando llegare el último día, el sabio no dudará en ir a la muerte con paso decidido.

Quizá me preguntes a qué personas llamo ocupadas. No pienses que hablo solo de aquellos a quienes para que desocupen los tribunales hay que soltarles los perros. Tampoco de aquellos que tienen por más honrosos los achuchones que les da la chusma de seguidores que les rodea, o pasar inadvertidos entre extraños. Ni mucho menos hablo de aquellos a quienes sacan de su casa los deberes para ir a estrellarse en los umbrales de la ajena; ni siquiera de aquellos que enriquece la vara de pretor con infames ganancias, que les supurarán algún día. Muchos pasan su ociosidad, bien en su villa, bien en la cama o en medio de su soledad. Aunque se hayan alejado de todos, se sienten molestos consigo mismos. De estos no se puede decir que tienen una vida ociosa, sino una ocupación desidiosa.

XII. ¿Llamarás tú desocupado al que gasta la mayor parte del día en limpiar con cuidadosa solicitud los vasos de Corinto, famosos por la locura de algunos o en quitar el orín a las mohosas medallas? ¿Al que sentado en el gimnasio, porque ya, oh desesperación, ni romanos son siquiera nuestros vicios, contempla las luchas de los jóvenes atletas? ¿A ese que separa los rebaños de sus esclavos y los clasifica por edades y por el color? ¿A quien da de comer a los atletas más famosos? ¿Qué te parece? ¿Llamas ociosos a esos que pasan muchas horas ante el peluquero, mientras les corta el pelo, por si algo creció desde la noche pasada, y piden consejo sobre todos y cada uno de los cabellos; o mientras se vuelve a componer la cabellera alborotada; o si les falta el pelo a un lado u otro lo elevan hacia delante y así poder cubrir la frente? ¿Cómo, por cualquier descuido del peluquero se enfadan como si estuviera afeitando a un varón? ¿Reparas qué enardecidos se ponen si algo de su cabellera quedó fuera, si algún cabello no está en orden o si todos no entraron en sus rizos? ¿Quién de estos no prefiere que se descomponga la paz de la república a que su cabello esté alborotado? ¿Quién no cuida más del adorno de su cabello que de la salud? ¿Quién no se precia más de acicalado que de honrado? ¿A estos llamas tú ociosos, ocupados como están entre el peine y el espejo? ¿Ociosos llamas tú a esos que se han dedicado a componer, escuchar y cantar canciones, mientras con quiebros de una estúpida melodía violentan la voz, para la que la naturaleza señaló un camino recto que es el mejor y el más sencillo de todos? ¿Qué decir de aquellos cuyos dedos están sonando sin cesar, mientras miden algún verso que están recitando en su interior? ¿Y de

131

aquellos que cuando son llamados para cosas graves e incluso tristes, se les oye una melodía en voz baja?

Estos no tienen ocio, sino negocio inútil. Decididamente, yo no pondría los banquetes de estos entre los momentos libres. ¡Tan ocupados los veo en ordenar su vajilla de plata! Con qué solicitud ciñen las túnicas de sus esclavos favoritos; pendientes de cómo el cocinero presentará el jabalí a la mesa; con qué presteza, a una señal dada acudirán los esclavos a sus puestos; con qué arte se trocearán las aves en pequeños trozos; qué atentos están para que los desgraciados jovencitos limpien los esputos de los borrachos. Con todo esto, no buscan más que conquistar fama de elegantes y espléndidos: de tal manera les persiguen sus vicios hasta el final de la vida que ni beben ni comen sin ambición. Tampoco has de contar entre los ociosos a los que se hacen llevar de una parte a otra en silla o en litera, y se presentan así a la hora del paseo, como si el dejarlo no les estuviera permitido. Necesitan que alguien les advierta cuándo se han de lavar, cuándo han de bañarse y cuándo han de cenar. Hasta tal extremo llega su laxitud de ánimo que, por sí mismos no pueden saber si sienten ganas de comer. De uno de estos delicados oí contar, si es que se puede llamar refinamiento a ignorar la vida y costumbres humanas, que cuando era sacado en brazos del baño y lo ponían en la silla, había dicho, preguntando: ¿Estoy sentado ya? ¿Este que ignoras y está sentado, piensas tú si sabe que vive, o si ve, o si está ocioso? No podría decir fácilmente, si es más digno de compasión por ignorar que estaba sentado o por fingir ignorarlo. Muchas son las cosas que ignoran, pero otras muchas simulan ignorarlas: les deleitan algunos vicios, como si fueran la prueba de su felicidad. Parece ser que es propio de un hombre demasiado humilde y despreciable saber lo que hace. Ve ahora y piensa que los cómicos exageran en exceso para reprobar nuestra molicie. Puedes creerme que es mucho más lo que se les pasa por alto que lo que imaginan. Y es tanta, en este nuestro siglo, la abundante invención de vicios increíbles, en esto solo ingenioso, que ya podemos criticar la negligencia de nuestros cómicos. ¡Que haya un hombre tan hundido en la molicie, hasta el extremo que haya de saber por otro si está sentado!

XIII. A ese individuo, por tanto, no se le debe llamar ocioso; se le ha de dar otro nombre: está enfermo, más bien muerto. Es ocioso aquel que sabe lo que es el ocio, pero a quien para entender la posición de su cuerpo necesita que otro se lo indique, solo está medio vivo. ¿Podrá acaso ser dueño de alguna parte del tiempo? Sería tarea inacabable ir siguiendo a todos y cada uno de aquellos que consumieron su vida jugando al ajedrez, a la pelota o en el cuidado de tostar su cuerpo expuestos al sol. No están ociosos aquellos cuyos placeres les reportan mucho trabajo. Pues ya no hay nadie que dude que no hacen nada provechoso los que se entregan al conocimiento de estudios literarios inútiles, como hacen también gran número de romanos. Enfermedad fue ya de los griegos investigar qué número de remeros pudo tener Ulises; si primero fue escrita la *Ilíada* o la

Odisea; o si las dos obras son del mismo autor. Además de otras cosas del mismo jaez que, si las adquieres, en nada favorecen a tu íntima conciencia y si las pones de manifiesto, no te considerarán más sabio, sino más pesado.

Fíjate cómo se ha ido extendiendo entre los romanos el inútil estudio de conocimientos fútiles y vanos de contenido. Estos mismos días he oído contar a un sabio las gestas que cada uno de los generales romanos había llevado a cabo el primero: Duilio fue el primero que venció en una batalla naval;[40] Curio Dentado, el primero que metió elefantes en el desfile de su victoria. Y aunque la noticia de estas gestas no lleva a la gloria verdadera, son, no obstante, ejemplos que afectan a la vida civil. Tal erudición no reporta provecho alguno, pero nos recrea con la gozosa vanidad de estos conocimientos. Perdonemos también esto a los investigadores de este hecho: ¿Quién fue el primer romano que persuadió a los romanos a subir a una nave? Este fue Claudio, llamado, por esto mismo Caudex,[41] porque los antiguos llamaban caudex al ensamblaje de muchas tablas: de ahí que las tablillas públicas reciban el nombre de códices. Y todavía ahora, siguiendo la costumbre de los antepasados, siguiendo a las naves que nos traen por el Tíber las provisiones, se las llaman caudicarias.

40. Cesón Duilio Nepote fue un general romano que venció a los cartagineses en la batalla naval de Mylae (260 a. C.).

41. Claudio Caudex venció a los cartagineses en la primera guerra púnica.

Y no deja de ser pertinente recordar también que Valerio Corvino[42] fue el primero que tomó Mesana, y el primero de la familia de los Valerios que se llamó Mesana, tomando así el nombre de la ciudad conquistada y que, mudando el vulgo poco a poco las letras, se vino a llamar Mesala. ¿Me permites ahora que cualquiera investigue si fue L. Sila el primero que lanzara sueltos los leones en el circo, habiendo sido hasta entonces costumbre llevarlos atados, y que fue necesario que el rey Boco enviase arqueros que los matasen? Permítaseme también esto: ¿acaso reporta algún bien saber que fue Pompeyo el primero que llevó al circo dieciocho elefantes para entablar un simulacro de batalla contra otros tantos criminales? El primer mandatario de la ciudad, y el mejor de los antiguos, varón, según pregonó la fama, de una eximia bondad entre los antiguos mandatarios, juzgó que era un género de espectáculo memorable, siendo en realidad una manera nueva de matar hombres. ¿Pelean? Es poco. ¿Son alanceados? Es poco todavía: que sean aplastados por la mole ingente de los animales. Habría sido mejor dar al olvido todas estas cosas, no sea que después algún poderoso las conozca y sienta envidia, queriendo imitar una cosa tan inhumana.

XIV. ¡Qué gran ceguera impone a los espíritus humanos una felicidad tan exagerada! Aquel hombre, Pompeyo, creyó estar encumbrado por encima de la

42. Se refiere a Valerio Máximo, cónsul en el 263 a. C.

naturaleza, cuando arrojó las fieras, nacidas bajo otros cielos a tan gran multitud de miserables esclavos; cuando fomentaba la guerra entre animales tan desiguales; cuando hacía derramar tanta sangre en presencia del pueblo romano, al que después obligaría a derramar mucha más. Y más tarde, él mismo, decepcionado por la maldad egipcia, se entregó a la muerte, siendo atravesado por el puñal del último de sus esclavos. Fue entonces cuando por fin se entendió la vana jactancia de su sobrenombre. Pero, volviendo al punto del que me alejé, mostraré, en otro orden de cosas, la muy engañosa dedicación de algunos. Ese mismo sabio contaba que Metelo, vencedor de los cartagineses en Sicilia, fue el único romano que llevó delante de su carroza triunfal los ciento veinte elefantes capturados. Contó asimismo que Sila fue el último de los romanos que prolongó el recinto amurallado de Roma en que no se permitía ni edificar ni cultivar, no habiendo sido costumbre de los antiguos alargarla cuando se adquiría nuevo terreno en provincias, sino cuando se adquiría en la misma Italia. Conocer esto es de más provecho que saber si el monte Aventino está fuera del circuito amurallado, como el sabio afirmaba, con estas dos razones: o porque el pueblo se retiró a él, o porque los auspicios a los que Remo había consultado en aquel lugar, las aves no le fueron favorables. Así siguió descontando innumerables cosas que, o son inventadas o muy semejantes a mentiras. Porque, aun concediéndoles que las dice de buena fe y con riesgo de su crédito, sin embargo, ¿podrán disminuir los errores de alguno? ¿De quién frenarán las pasiones? ¿A quién harán más fuerte, al más justo y más liberal? Mientras, nuestro amigo Fabiano solía decir que dudaba si era mejor abstenerse de todo estudio o entregarse a ellos.

Los únicos verdaderamente ociosos son los que se dedican a la sabiduría: esos son los que viven. Porque no solo aprovechan bien su tiempo, sino que a la suya añaden todas las demás edades. Cuanto se llevó a cabo en años anteriores a ellos, lo han hecho suyo. Es forzoso confesar, si no queremos ser muy desagradecidos, que aquellos clarísimos creadores de las opiniones más lúcidas nacieron para nuestro bien y encaminaron nuestra vida. Con su trabajo somos llevados al conocimiento de cosas hermosísimas, sacadas por ellos de las tinieblas a la luz. Ningún siglo nos queda prohibido, a todos somos admitidos. Y si con grandeza de espíritu quisiéramos salir de los estrechos límites de la imbecilidad humana, nos queda todavía mucho tiempo donde espaciarnos. Nos es posible disputar con Sócrates, dudar con Carnéades,[43] aquietarnos con Epicuro, vencer con los estoicos la naturaleza humana, rebasarla con los cínicos y caminar junto con la naturaleza en compañía de todas las edades. ¿Por qué, pues, no entregarnos de todo corazón, en el transcurso de esta vida tan corta y caduca, al estudio de estas cosas tan inmensas en que nos movemos y que son comunes a los mejores hombres?

Esos, en cambio, que pasan la vida cambiando de un oficio a otro, molestos consigo mismos y con los

43. Filósofo nacido en Cirene (214-129 a. C.). Director de la Academia Nueva platónica desde el 156 a. C.

demás, cuando hayan llegado al extremo de su locura, después de haber llamado todos los días a las puertas de sus conciudadanos y entrado en todas las que encontraron abiertas; cuando, finalmente, hayan saludado con fingido desinterés a las más diversas familias, ¿a cuántas habrán podido ver en tan inmensa ciudad como es Roma, convulsa en tan diversas concupiscencias? ¿No les despedirán muchos, sumidos en el sueño, la lujuria o su misma descortesía? ¿Cuántos, con el pretexto de una ocupación urgente, quedarán desairados tras el tormento de una larga espera? ¿Cuántos evitarán pasar por el atrio repleto de clientes y se escaparán por una oscura callejuela a sus casas? ¡Como si no fuera más inhumano engañar que excluir! ¿Cuántos, medio dormidos y embotados todavía por la embriaguez de la noche anterior, pagarán a los miserables que perdieron su sueño por guardar el ajeno, con un insolente bostezo los saludos mil veces repetidos, balbuciendo apenas su nombre?

Permítasenos decir que solo aquellos que se consagran a auténticos deberes, que se esfuerzan ardientemente por tener una diaria e íntima relación con Zenón, con Pitágoras, con Demócrito y el resto de maestros de las buenas artes, como Aristóteles y Teofrasto, ninguno de estos dejará de recibirlos; ni ninguno permitirá que nadie de los que se acercaron a visitarlos se marche sin haberlo hecho más feliz y más amigo suyo; ninguno consentirá que se separe de él con las manos vacías. De noche y de día tienen la puerta abierta a todos los mortales. Ninguno de estos te obligará a morir. Ninguno te hará perder tus años, pero todos te ayudarán con los suyos. Ninguna de sus conversaciones contigo te será peligrosa, ni su amistad mortal, ni pagarás nada por la atención que te presta.

XV. Tomarás de ellos lo que quieras: por ellos no quedará que quieras sacar lo más que puedas. ¡Qué felicidad y qué hermosa vejez aguarda al que se acogió a la sombra de estos hombres! Tendrá con quien deliberar sobre los temas más importantes y las cosas más pequeñas; tendrá asimismo a quienes podrá consultar todos los días sus problemas personales y de ellos oirá la verdad sin ofenderse y alabanzas sin adulación; y un modelo a cuya semejanza formarse. Solemos decir que no tuvimos la facultad de elegir a nuestros padres: que nos fueron dados por la suerte. Pero a nosotros nos es posible nacer a nuestro propio arbitrio. Hay familias de los más ilustres ingenios: elige aquella en la que quieres ser adoptado. Su adopción no solo te dará nombre, sino sus mismos bienes, que no son sórdidos, ni tendrás que guardar fraudulentamente y que serán tanto mayores cuantas más partes hicieres de ellos.

Estas cosas te abrirán el camino para la eternidad y te elevarán a un lugar del que nadie te podrá desplazar. Es el único medio para dilatar nuestra vida mortal, o mejor, para convertirla en inmortalidad. Los honores, los monumentos y todo cuanto la ambición dispensó por decretos o levantó con el esfuerzo se hunde inmediatamente. Nada hay que no destruya una vejez prolongada, haciendo desaparecer con más prisa lo que antes consagró. Pero a la sabiduría no puede destruirla. Ni el pasado ni el presente la borrará, ni la disminuirá. La edad futura y la que venga después de esta, añadirán algo para su veneración. Porque la envidia se asienta cerca de nosotros y con más sinceridad admiramos las cosas que están lejos de nosotros.

La vida del sabio, por tanto, es muy dilatada: no queda reducida a los límites que estrechan la vida de los demás mortales. Solo él está exento de las leyes del género humano. Todos los siglos están a sus pies como si fuera un dios. ¿Ha pasado ya algún tiempo? Su memoria sigue estando presente en el recuerdo. ¿Sigue estando presente? Lo utiliza. ¿Está aún por llegar? Lo anticipa; por eso la unión de todos los tiempos hace que su vida sea larga. Por el contrario, es brevísima y agitadísima la vida de aquellos que se olvidan de los tiempos pasados, desprecian el presente y temen el futuro. Cuando se acercan a sus postrimerías, se dan cuenta tarde, los desgraciados, de que habían estado tanto tiempo ocupados para no hacer nada.

XVI. Tampoco has de pensar que con este argumento se puede probar «que ellos tuvieron una vida larga por haber llamado algunas veces a la muerte». Su locura los agita con pasiones desordenadas, obligándoles a caer en aquello mismo que temen; y por eso, con frecuencia desean la muerte, porque la temen. Ni has de pensar que es digno de tenerse en cuenta el argumento de los que dicen vivir mucho tiempo, «porque a menudo se les hacen largos los días, o porque mientras llega la hora señalada de la cena, se quejan de lo lentas que discurren las horas». Porque, si alguna vez les dejan libres sus ocupaciones, se irritan en la ociosidad, sin saber disfrutar de ella o dejarla. Así pues, tienden a buscar cualquier ocupación y se les hace pesado todo el tiempo mientras llega la hora: algo así, puedes creerme, tan pesado, como cuando se anuncia el día del combate entre gladiadores o se señala la fecha esperada de cualquier espectáculo o diversión, ya que les gustaría saltarse los días intermedios. Larga, en efecto, les parece la demora de la cosa esperada. Pero, esa hora que esperan con ansia, les parece breve y precipitada, haciéndose más breve por su culpa, pues van de un vicio en otro y no pueden permanecer en una sola de sus complacencias. No les son largos los días, sino aborrecibles. Por el contrario, las noches les parecen cortísimas, pues las pasan entre los brazos de prostitutas o en la embriaguez. De ahí surge también el delirio de los poetas, que alimentan los errores humanos con fábulas. En ellas aparece Júpiter, cuando enviciado en el adulterio había duplicado las horas de la noche. Hacer a los dioses autores de los vicios, ¿qué otra cosa es no solo fomentar los vicios, sino ponerlos bajo el patrocinio de los dioses y dar a la culpa una disculpable licencia con el ejemplo de la divinidad? A estos que tan caras compran las noches, ¿podrán dejar de parecerles cortísimas? Pierden el día a la espera de la noche, y la noche con el miedo a la luz. Sus mismos placeres son trepidantes, inquietados por diferentes terrores, pues, en medio de su gozosa exaltación surge este inquietante pensamiento: «¿y cuánto durará todo esto?». Por este sentimiento los reyes comenzaron a lamentar su poderío, no les halagó la grandeza de su fortuna, sino que más bien les aterrorizó el fin que llegaría algún día.

Cuando el insolentísimo rey de los persas[44] desplegaba su ejército por la llanura inmensa de los campos no se detuvo a conocer el número de sus soldados, sino la extensión del terreno que ocupaba. Pero, rompió a llorar al considerar que, después de cien años, nadie de aquella inmensa juventud habría de sobrevivir. Y, sin embargo, aquel mismo Jerjes, que lloraba, habría de conducir a su fatal destino a unos en tierra, a otros por mar, a otros en la batalla y a otros en la fuga. Y en poquísimo tiempo haría desaparecer a todos aquellos de quienes temía que no vivirían cien años.

XVII. ¿Por qué piensas que sus placeres están también llenos de zozobras? Porque no tienen fundamentos sólidos, sino que se desvanecen por la misma vanidad de la que surgen. ¿Qué momentos piensas que son esos que ellos mismos confiesan que son miserables, si tenemos en cuenta que aquellos de los que están orgullosos y por los que se elevan por encima de los demás hombres, son también poco sinceros? Los bienes superiores son problemáticos y nunca se ha de dar menos crédito a la fortuna que cuando

44. Se refiere a Jerjes I, rey de Persia entre el 486 y el 465 a. C., quien sofocó los levantamientos de Babilonia y Egipto. El pasaje está tomado de Heródoto (VII, 45-46).

nos parece inmejorable. Para mantenernos en una buena dicha necesitamos de otra y hay que seguir haciendo votos, tras los que ya fueron elevados. Pues todo lo que acontece por casualidad es inestable: cuanto más alto se encaramó, más propicio es a la caída. En efecto, a nadie agrada todo lo que amenaza ruina.

Muy desgraciada, por consiguiente, y no solo muy breve, es la vida de aquellos que con gran ansia preparan lo que han de poseer con un trabajo mayor. Consiguen con su sudor las cosas que quieren y las ya alcanzadas, las conservan con grandes angustias. Mientras tanto, ni se preocupan lo más mínimo de un tiempo que ya nunca volverá. Nuevas ocupaciones sustituyen a las viejas costumbres; una esperanza despierta a otra y una ambición llama a otra ambición. No se busca el fin de las desgracias, sino que se cambia de asunto. ¿Nuestros honores fueron nuestro tormento? Más tiempo nos roban los ajenos. ¿Dejamos de trabajar como candidatos? Acometemos la elección de otro. ¿Le ponemos la molesta función de acusar? Acometemos la de juzgar. ¿Dejó de ser juez? Ya ejerce de fiscal. ¿Envejeció como procurador mercenario de haciendas ajenas? Ahora está agobiado con la propia. ¿Dejó Mario el ejército? Ejerce el consulado. ¿Quincio se apresura a desprenderse de la dictadura? Se le volverá a arrancar de su arado. ¿Irá Escipión,[45] tan poco maduro todavía, a una empresa tan importante como la guerra de los cartagineses?

45. Publio Cornelio Escipión Africano «el Mayor», elegido cónsul en 205 a. C., venció a Aníbal en la batalla de Zama

Volverá vencedor de Aníbal y de Antíoco, estará orgulloso de su consulado y será fiador de su hermano. Y de no haberse él opuesto, ¿no le habrían sentado al lado de Júpiter? No obstante, civiles sediciones acosarán al salvador de la patria, y después de haber desechado desde joven honores que le igualaban a los mismos dioses, le seducirá un orgulloso destierro. Nunca han de faltar motivos de inquietud, felices unos, desgraciados otros. Con las ocupaciones se cerrará la puerta a la quietud: siempre deseada, nunca conseguida.

XVIII. Paulino carísimo, aléjate, pues, del vulgo; vuelve finalmente a un puerto más tranquilo, pero no como obligado por la vejez. Acuérdate de los mares embravecidos que pasaste, de tantas tormentas particulares que te viste obligado a afrontar y de otras públicas que hiciste tuyas. Ya diste suficientes muestras de tu virtud en complicadas y molestas situaciones. Trata ahora de experimentar lo que eres capaz de hacer en el ocio. La mayor parte de tu edad, sin duda la mejor, la diste a la república: tómate también ahora algo de tiempo para ti. Y no te invito a un descanso indolente, ni has de hundir tu buena y activa disposición en el sueño y en los placeres, tan queridos del vulgo. Eso no es descansar. Hallarás mayores ocupaciones que las que hasta aquí realizaste con esfuerzo y que, sosegado y seguro, llevarás a cabo.

(218 a. C.) y a Antíoco «el Grande» en la batalla de Magnesia (189 a. C.).

En efecto, tú administras los intereses de todo el orbe con moderación, por ser ajenos, con tanta diligencia como si fueran tuyos, tan religiosamente como si fueran públicos. Consigues el amor en un cargo en el que no es pequeña hazaña evitar el odio. Créeme, sin embargo, es mejor llevar las cuentas de la propia vida que las del trigo público. Este vigor de ánimo, tan capaz de grandes cosas, aplícalo a ti mismo, y apártate de ese trabajo ciertamente honorable, pero poco apto para conseguir la felicidad en esta vida. Y persuádete de que haberte exigido, desde los primeros años, toda clase de estudios liberales, no fue para que se te encomendara el cuidado de muchos miles de fanegas de trigo. Habías dado esperanzas de cosas mayores y más altas. Para eso no faltarán hombres de austera rectitud y de laboriosa capacidad. Para llevar cargas, más aptos son los lentos jumentos que los nobles caballos. ¿Pues, quién se atrevería a frenar su alegre ligereza con una impedimenta pesada?

Piensa, además, en la responsabilidad que supone enfrentarte a semejante trabajo. Tu trabajo dice relación directa con tu estómago humano: la gente con hambre no atiende a razones, ni se calma con la equidad, ni se doblega a súplicas. Pues días después de su muerte, Cayo César pudo lamentar con amargura, si es que hay algún sentimiento en los infiernos, que se moría, dejando al pueblo romano vivo y con alimentos para unos siete u ocho días. Y mientras él trataba de unir los puentes con naves y jugaba con las fuerzas del Imperio, se iba acercando también a los que se encontraban sitiados por el último de todos sus males: la falta de alimentos. Poco faltó para

145

que la imitación de un rey furioso extranjero y estúpidamente soberbio casi le valiera la muerte, el hambre y la ruina total, consecuencia del hambre. ¿Qué espíritu tuvieron entonces quienes tenían la misión de distribuir los alimentos al pueblo, expuestos como estaban a ser pasados por las armas y sometidos al hierro, a las piedras y al fuego? Con el mayor disimulo escondían un mal tan grande como se ocultaba en sus entrañas. Y no sin razón. Porque ciertas enfermedades se han de curar ignorándolas los enfermos. La causa de la muerte de muchos fue haber conocido su enfermedad.

XIX. Entrégate a estas ocupaciones más tranquilas, más seguras y más elevadas. ¿Crees tú que es igual que el trigo llegue intacto a los graneros sin que el fraude y el descuido de los porteadores lo hayan maleado; y que no se estropee con la humedad, ni se recaliente y así pueda responder a su peso y medida? ¿O prefieres esto a acercarte a esas cosas tan santas y sublimes que te enseñarán la naturaleza de los dioses, sus complacencias, su naturaleza y su forma? ¿Qué destino espera a tu alma, una vez que, abandonado el cuerpo, la naturaleza nos dé una nueva forma? ¿Qué es lo que mantiene el equilibrio en medio del espacio de unos cuerpos tan pesados o deja suspendidos los más livianos? ¿Qué fuerza empuja el fuego hacia lo más alto, la que mueve a los astros en su curso y, finalmente, todas las demás cosas llenas de grandes misterios?

¿Quieres tú, dejando el suelo, elevar tu espíritu a estas cosas? Ahora mismo, cuando la sangre está caliente, los fuertes han de caminar hacia lo mejor. En este género de vida te esperan muchas de las ciencias superiores, el amor y la práctica de la virtud, el olvido de los placeres, el arte de vivir y morir y un sosiego total. En cambio, la situación de todos los ocupados es miserable, pero lo es más todavía la de los que trabajan en ocupaciones que ni siquiera son suyas. Duermen a sueño ajeno, caminan a paso de otro, comen según el apetito de los demás. Hasta en el amor y el odio, que son acciones tan libres, se ven forzados a obedecer. Si estos quisieran saber cuán breve ha sido su vida, piensen qué parte de ella ha sido la suya. Por tanto, cuando veas con frecuencia, cómo toman la pretexta y que su nombre es célebre en el foro, no los envidies. Todo esto acarrea mucho perjuicio a la vida y, para que puedan tener un solo año en su memoria, tendrán que destruir todos los años de su vida. A muchos, antes de llegar a la cumbre de su ambición, les dejó la vida en sus primeras luchas. Otros, después de haber llegado, a través de mil indignidades, a los honores supremos, tuvieron un triste desengaño: haber trabajado para el epitafio de su tumba. A otros, en fin, les abandonó la última vejez, entre vanos y agotadores esfuerzos, mientras se disponían a concebir nuevas esperanzas como si fueran jóvenes.

XX. Torpe aquel a quien, siendo ya mayor, se le va el alma entre juicios a favor de litigantes desconocidos y en busca únicamente de los aplausos de un vulgo ignorante. También torpe aquel que, antes cansado de vivir que de trabajar, se topó con la muerte en

147

medio de sus ocupaciones. Y torpe aquel que, muriendo mientras hacía sus cuentas, fue la risa de su heredero. No puedo pasar por alto un ejemplo que me viene a la memoria. Turanio fue un viejo de puntual diligencia. Cumplidos los noventa años y, después que Cayo César le hubiera jubilado de procurador de Roma, sin que él se lo hubiera pedido, ordenó que se le pusiera en la cama y que su familia le llorase a su alrededor, como si verdaderamente estuviera ya muerto. Toda la casa lloraba el descanso de su viejo dueño y no cesó hasta verle restituido en sus funciones. ¿Tanto importa morir ocupado? Muchos son de esta misma opinión. El ansia del trabajo es en ellos superior a sus facultades. Luchan con la debilidad de su cuerpo, y no tienen en cuenta lo pesado de la vejez, sino porque les aparta del trabajo. La ley no obliga al soldado a partir de los cincuenta, y a partir de los sesenta llama al senador. Los hombres se liberan del descanso con más dificultad que de la ley.

Mientras tanto, se roban unos a otros, rompen el descanso y mientras se hacen mutuamente desgraciados, se pasan la vida sin frutos, sin alegría y sin provecho alguno para el espíritu. Nadie piensa en la muerte y todos alargan sus esperanzas. Algunos incluso disponen de lo que está más allá de su vida: la construcción de grandes mausoleos, la dedicación de monumentos públicos, ofrendas para la hoguera y suntuosos honores fúnebres. Puedes creerme: las muertes de estos se pueden reducir a hachas y cirios, como entierro de niños.

AUSTRAL

www.planetadelibros.com.mx